Josef Brustmann

Jeder ist wer

Menschen
wege
in
Herz
gegenden

Allitera Verlag

Allitera Verlag
Ein Verlag der Buch&media GmbH, München

Umschlaggestaltung: Dominik Brustmann
Umschlagvorderseite: Josef Brustmann © Monika Schuh-Wibmer
Layout und Satz: Johanna Conrad
Gesetzt aus der Alte Haas Grotesk und der Sabon LT
Printed in Europe
ISBN print 978-3-96233-400-0
ISBN epub 978-3-96233-401-7
ISBN PDF 978-3-96233-402-4

Allitera Verlag
Merianstraße 24 · 80637 München
Fon 089 13 92 90 46 · Fax 089 13 92 90 65

*»Schon die Wagenfahrt durch den verglasten,
harten Herbstnachmittag und das naive Land war
so schön ... Und das war Böhmen, das ich kannte,
hügelig wie leichte Musik und auf einmal wieder eben
hinter seinen Apfelbäumen, flach ohne viel Horizont
und eingeteilt durch die Äcker und Baumreihen
wie ein Volkslied von Refrain zu Refrain.«*

Rainer Maria Rilke

PROLOG

Für seinen Arbeitgeber und Mäzen Friedrich Wilhelm III. untersuchte der Wissenschaftler und professionelle Herumtreiber Alexander von Humboldt die Blätter eines Eichenbaumes auch ihrer Form halber. Trotz gewissenhaftester, geduldigster Suche gelang es ihm nicht, zwei in Form und Größe identische Blätter an einem einzelnen Baum ausfindig zu machen. So auch wir Blättermenschen an unseren anverwandten Stammbäumen. Jeder von uns, ausnahmslos, ein solchermaßen einzigartig beschriebenes Blatt.

Wie unvorstellbar aber, unbegreiflich und verstörend, dass jeder von uns so eigenartigst erschaffenen Menschen trotzdem an seinem Ende untergemäht wird unter gleichförmigstes Todesheu und zurückverwandelt in die allergemeinsten Stäublein, Sandkörner und Erdkrumen. Welch gigantischer Verschwendungsakt der Natur.

WEITER WEISS ICH NICHT ZURÜCK

Mein Großvater Alois Brustmann sen.,
»Kürschner-Bauer« in Kodau/Südmähren

Mit der Schrotflinte habe er wohl Nüsse vom Baum schlagen wollen, so die kirchen- und dorfgefällige Version von des Kürschner-Bauern Tod, der der Vater meines Vaters war. Als fescher Junggeselle, Hagestolz und gut gekleideter Oberkellner in einem großen Brünner Café arbeitend, hatte er erst spät in das »Sach« der schon etwas altjüngferlichen Mathilde Wozulek eingeheiratet. Meiner Großmutter Mathilde waren in eineinhalb Jahren fünf Brüder an Diphtherie weggestorben. Sie war die Einzige noch am Hof, überschwer mit Trauer und der Verantwortung beladen, das eigene Geschlecht und den ihr zugefallenen Hof nicht aussterben zu lassen; die ihr noch verbliebene Schwester war schon »drüber«. Mit zweiundvierzig Jahren suchte sie auf den letzten Drücker noch einen Mann und vor allem Kindsvater und machte damit meinen Großvater Alois Brustmann im Jahr 1908 zum angesehenen Kürschner-Bauern, machte ihn zum Mitbesitzer des größten Hofes am Ort, des »Kürschner-Hofes«, von dem man stolz zwei- oder gar vierspännig zum Markt oder zum Kirchweihfest in die umliegenden Dörfer fuhr. Meine Großeltern lebten in Kodau, einem klei-

Kodau

nen Ort in der tschechischen Markgrafschaft Mähren nahe der Stadt Brünn, in etwa zwischen Wien und Prag. Das Dörflein lag friedlich in einem Flusstal, an den Nordabfall des Berges Kadovská Hora angelehnt.

Eine Zweck- und Vernunftehe wird sie wohl gewesen sein, die Ehe von Mathilde und Alois. Unglücklich beide, aber doch auch unbewusst dem ewig-alten Drange, der ewig-alten Lust oder Pflicht nachkommend, sich selbst, seine Art und sein Geschlecht an eine unbestimmte Menschenerdenzukunft weiterzugeben. Im Übrigen: Schon sieben Kinder waren sie gewesen bei Mathilde und sieben bei Alois. Mit einem späten Sohn hielten sie das Familienflämmchen gerade noch am Leben, und so oft legte sich mein Vater später auf meine Mutter, bis die Sieben als Kinderzahl wieder aufgefüllt war und die alte Ordnung wieder seine Ordnung hatte. Sieben Kinder hatte dann auch einer meiner Brüder und sieben Kinder auch eine meiner Nichten. So wandert diese heilige Zahl beständig durch unser Geschlecht und gibt sich unbedingt recht.

Mitten ins Herz soll er gezielt haben, der Kürschner-Bauer, mitten ins eigene, unglückliche Liebeskummerherz, und hatte sich aber doch auch noch mit einem leibhaftigen Sohn der Welt geschenkt und verpflichtet und sich so bis heute erinnerbar gemacht.

Am Grab des Kürschner-Bauern wird mein Vater als Dreizehnjähriger neben Mathilde gestanden haben in seinem guten schwarzen Anzug, schon früh das Erbe als Jungbauer antretend, als neuer »Kürschner-Bauer« dem Vater erschrocken, ratlos und verzweifelt nachtrauernd zwar, aber gehalten doch auch von tiefer, tiefster Mutterliebe.

Was mein Vater über seinen Vater zu erzählen wusste, war nur wenig, waren wenige späte Blätter, zur Erde hinabsegelnd vom Baum. Dass er mit dem Vater vergnüglich oft Verwandte besucht habe, dieser aber nicht gerne Bauer gewesen sei, seinen Pflichten nur unwillig oder gar nicht hinterherkam und einen Apfel habe schälen können in einem Atemzug, ohne das Messer abzusetzen und die Apfelhautspirale abreißen zu lassen und man diese schöne Girlande am Ende wieder zu einem Apfel zusammenfügen konnte. Und mit ihm zum Markt fahren, das gepflückte Obst, das geerntete Gemüse feilbietend, dort mit den Men-

Mein Vater Alois Brustmann jr.
mit dreizehn Jahren

schen lustig sein, aber auch geschickt mit ihnen verhandeln. Sehr viel mehr Erinnerung an seinen Vater war ihm nicht geblieben oder war durch Schmerz, Trauer und Verlassensein mit zu Grabe getragen worden. Sechs Jahre Volksschule – mehr Zeit hatte mein Vater nicht fürs kleine Einmaleins, für geistige Nahrungsaufnahme und weltöffnende Bildung, dann war er bereits Herr in Haus und Hof und bald schon stand er als Soldat im Feld und schnappte der gefräßige Krieg nach ihm.

Als mein Vater 1948 aus dem Krieg zurückkam, als Krieg und Heimat verloren und verspielt waren, war seine Frau bereits mit drei kleinen Kindern und der Schwiegermutter Mathilde nach Oberbayern zwangsexiliert worden. Nur kurz vor seiner Rückkehr war seine heißgeliebte Mutter Mathilde gestorben. Von einem bayerischen Landdoktor war sie mit einer Spritze »kaltgemacht worden«. Herzspritze sagten die Leute damals dazu, denn das Hinmorden von Lebensüberflüssigem war gut eingeübt und gelang kurz nach dem Krieg noch ohne große Skrupel.

Schon für die Beerdigung seines erstgeborenen Sohns Günther, meines ältesten Bruders, hatte mein Vater keinen Fronturlaub bekommen.

Nie hat mein Vater geklagt über sein brutales Lebensschicksal, das ihm härteste Entbehrung von Familienglück und Leibeswohl auferlegte und ihn acht überlange Jahre in Angst und Not hielt, ihm Heimat, Haus und Hof mitsamt Äckern und Getier fortspülte. Nie hat er geklagt, gelitten und getrauert sicher, insgeheim.

Schon seine Einberufung zum Militär glich einem absurden Theaterstück, diesen Tag, den 25. September 1939, sollte mein Vater nie mehr vergessen.

Es war gerade »Kirta« gewesen, Kirchweih, eines der schönsten und größten Feste auf dem Land. Da wurde drei Tage am Stück nur gefeiert, getanzt und gesungen. Alle jungen Frauen und Männer in Kodau hatten sich an diesem Abend vor dem Gasthaus »Zur blauen Traube« auf dem bretterbeschlagenen Tanzplatz eingefunden, als ein hoher militärischer Funktionär um Aufmerksamkeit und Ruhe bat, was ihm nur schwer gelang, und achtundzwanzig junge Männer des Vierhundertseelendörfleins kurzerhand vom Tanzplatz weg zum Militär einzog. Die Stimmung war dahin, viele der Mädchen weinten. Nur wenige Monate zuvor hatte mein Vater meine Mutter geheiratet.

Im Krieg kam mein Vater viel herum. Zunächst war er durch Hitlers »Annexion« des Sudetenlandes plötzlich ein deutscher Soldat geworden und für längere Zeit im österreichischen Hollabrunn stationiert. Da er gut reiten konnte, war er immer mit von Pferden gezogenen Artilleriegeschützen zugange. Das war sein großes Glück, so musste er nie an allervordester Front kämpfen. Österreich, Italien, Jugoslawien, aus diesen Ländern schickte er zu Beginn des Krieges Postkarten an seine Frau mit Landschafts- und Städtebeschreibungen

Mein Vater Alois Brustmann jr. in tschechischer Uniform

eines Touristen. In Jugoslawien, das durch Titos Partisanen zu einem brandheißen Pflaster für deutsche Soldaten geworden war, geriet mein Vater in Gefangenschaft. Dass er, als seine Kompanie unter schweren Partisanenbeschuss geriet, schnurstracks die Zügel der Zugpferde durchtrennte, um deren Überleben zu sichern und erst dann selbst in Deckung ging, sagt viel aus über sein Verhältnis zu Pferd und Tier.

Die Schilderung seiner allerletzten Kriegsetappe, seiner Heimkehr zu der nach Bayern ausgewiesenen Familie drei Jahre nach Kriegsende, hat mir immer gefallen: Ankunft mit dem Soldatentransport in Traunstein. Vor ihm lag der Fußweg nach Teisendorf, hin zum Einödhof des Feldl-Bauern. Dieser war als Einziger bereit gewesen, meine Mutter mitsamt ihrer Schwiegermutter Mathilde und den drei kleinen Kindern aufzunehmen.

Mein Vater ging zu Fuß eine gute Wegstunde, als Kriegsverlierer, als Heimatverlorener. Um nicht mit gänzlich leeren Händen heimzukommen, kaufte er in Traunstein, gerade eben dem Soldatentransport entstiegen, von seinem winzigen Soldatensold, da hatte er acht Jahre einen verdammt schlechten Stundenlohn, in einem kleinen Laden eine Perpendikeluhr der Marke Kienzle. Er trug die Uhr im Rucksack. Spirale und Klangstäbe des Uhrwerks hätten beim Gehen aufeinandergeschlagen und ihn mit dieser zarten Begleitmusik ganz unwirklich heiter gestimmt. Sie hätte so schön »geglinselt« im Rucksack, die Uhr, so seine sprachmusikalische Beschreibung. Einer, der seine besten und wertvollsten Jahre und auch sonst alles verloren hatte, freute sich über das »Geglinsel« seiner Heimkehreruhr wie ein Hans im Glück. Ich hörte ihn diese Geschichte gern erzählen. Er war ein sensibler, feiner Mensch, mein Vater.

MEIN GROSSVATER JOSEF HUBER

Mein Großvater Josef Huber war der Sohn von Bauern. Schon mit drei Jahren starb ihm die Mutter, mit zehn der Vater. Als Vollwaise bekam er daraufhin einen amtlich bestellten Vormund. Dass mein Großvater trotz dieser traurigen Lebensgeschichte zum Singen, Geigen- und Klarinettenspiel fand, verwundert, als alleiniger Hoferbe mag er in einer privilegierten Position gewesen sein. Ein Erzählungsbild, das sich von ihm erhalten hat: Ein kleiner Zug von Soldaten durchs Dorf ziehend; jedem dieser Soldaten ließ mein Großvater vom Metzger einen Kranz Wurst um den Hals hängen, mit der Bitte, im Nachbardorf am Grab seiner Mutter ein Ständchen zu singen. In diesem Bild schien alles damals schon zusammengefasst: die Verschwendungssucht, die Zuneigung zum Lied und das sehnsuchtsvoll Suchende nach der Mutter.

Als er meine Großmutter Maria Denk heiratete, war er der Traurigkeit und Trunksucht schon so ergeben, dass die Vormundschaft direkt auf meine Großmutter übertragen wurde. Die Ehe war ein Unglück. Zu Hause nicht zu Hause, war er immer auf der Flucht. Die tief in den mährischen Sand gegrabenen, schönkalten Weinkeller waren schon eher seine Heimat und in den Wirtshäusern war er als verschwenderisch-spendabler Unterhalter, lustig-angesoffener Sänger und Musikant immer gern gesehen. Auf einem Südmährischen Landsmannschaftstreffen, zu dem mich mein Vater Jahrzehnte später mitnahm, war der Huber Josef immer noch in aller Munde ob seiner Lustigkeit und wunderschönen Stimme. Aber damals: Wie oft wurde meine Mutter als kleines Mädchen ihm nachgeschickt ins Wirtshaus, um ihn heimzuholen, und wie schlimm und peinlich für sie das immer war. Die Aussteuer, die sich damals alle Mädchen bis zu ihrer Verheiratung mühsamfleißig und hoffnungsfroh zusammennähten, zusammenstickten, war auch meiner Mutter ganzer Stolz und einziges Besitztum. Mit sechzehn Jahren war ihr »Heiratsgut« schon weit gediehen. Dass ihr der Vater ihre einzige Habe, ihr einziges Glück entwand, die Aussteuer irgendwo für wenig Geld versetzte, um sich damit einen irrsinnigen Rausch anzusaufen, hat sie ihm nie verziehen. Im Stillen weitergeliebt hat sie ihn ganz bestimmt, sonst hätte sie mir nicht seinen Namen gegeben. Ich kam, als er ging, im selben Jahr 1954, exakt neun Monate nach seinem Tod.

Mit vier Kindern und einem Bauernhof ohne Bauern war meiner Großmutter das Leben wie ein Mühlstein um den Hals. Als der Zweite Weltkrieg zu Ende war, ihr einziger Sohn aus dem Krieg nicht mehr zurückkam, er war in Russland vermisst und die ganze Familie wartete noch schrecklich lange Jahre heimlich auf ihn, ließ sich meine Großmutter scheiden, eine kühne und damals extrem seltene und ungewöhnliche Entscheidung.

Mein Großvater Josef Huber mit Familie und Pferden

Mein Großvater, einst stolzer, mit mächtigem, kaiserlich gezwirbeltem Bart einherschreitender K.u.K-Bürger, wurde nach dem Auseinanderfallen dieser lange so prächtigen und halbwegs gütigen Habsburgeridylle von den Tschechen nach Österreich abgeschoben, von den Österreichern nach Deutschland, von den Deutschen zurück nach Österreich. Jetzt war er nichts mehr. Seine letzten Lebensjahre war er mehr oder weniger heimatlos, einsam, schlug sich mit Gelegenheitsarbeiten durch und trank sich an seinem fünfundsechzigsten Geburtstag einen solch schönen Rausch an, dass er auf dem Heimweg in eisiger Nacht auf einer Holzbank zu sitzen kam, einschlief und erfror. Ein sanfter, schmerzfreier Tod, sagten die Ärzte, man habe ihn auf dem Heimweg noch singen hören.

Im österreichischen St. Johann im Pongau legte man ihn in ein Armengrab, das sich wie durch ein Wunder bis heute erhalten hat. Erhalten hat sich auch seine ganz außergewöhnliche Sing- und Musizierlust in unserer mittlerweile riesigen Familie. Wir haben ihm viel zu verdanken, dem Josef Huber, und wer ihm in St. Johann am Grab ein Lied singt, dem häng ich einen Wurstkranz um den Hals.

Genauer gesagt
weiß ich nichts von mir.
Was da in mir röhrt,
vielleicht ein einsamer Hirsch?
Was da in mir brüllt,
vielleicht ein sagenhafter Wasserfall?
Was da in mir singt, vielleicht mein Großvater?
Was da in mir denkt, bin kaum ich.
Viel eher schon ein Anderer,
der von sich und mir nichts weiß.

Mein Großvater Josef Huber

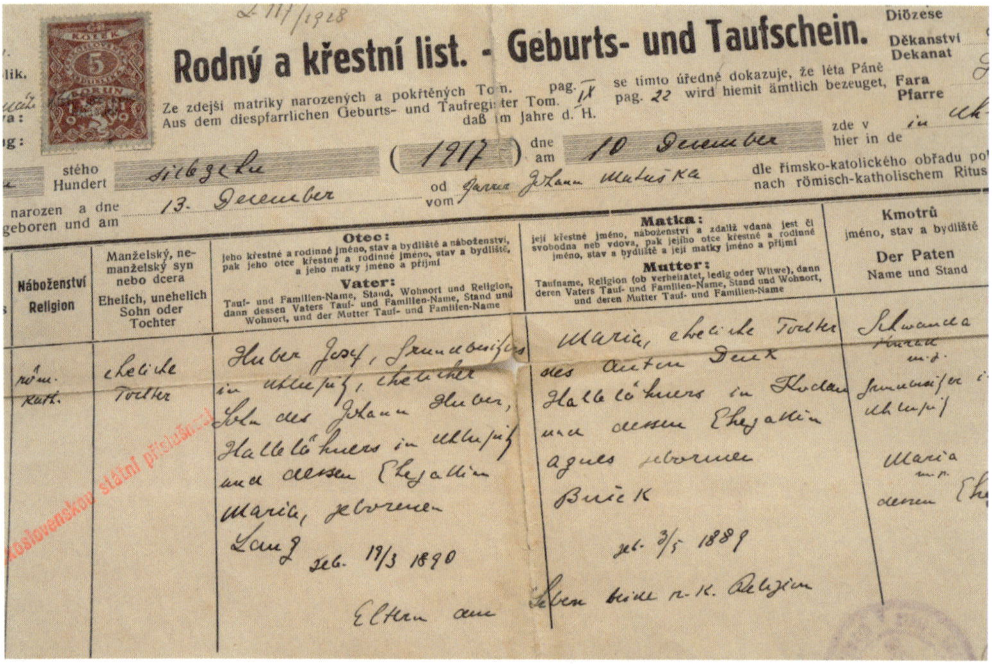
Rodný a křestní list. - Geburts- und Taufschein.

Ze zdejší matriky narozených a pokřtěných Tom. pag. Aus dem diespfarrlichen Geburts- und Taufregister Tom. pag. se tímto úředně dokazuje, že léta Páně wird hiemit ämtlich bezeuget, daß im Jahre d. H.

Diözese Děkanství Dekanat Fara Pfarre

stého Hundert (1917) dne am 10 Dezember zde v hier in de

od vom ... dle římsko-katolického obřadu nach römisch-katholischem Ritus

narozen a dne geboren und am 13. Dezember

Náboženství Religion	Manželský, nemanželský syn nebo dcera Ehelich, unehelich Sohn oder Tochter	Otec: jeho křestné a rodinné jméno, stav a bydliště a náboženství, pak jeho otce křestné a rodinné jméno, stav a bydliště, a jeho matky jméno a příjmí Vater: Tauf- und Familien-Name, Stand, Wohnort und Religion, dann dessen Vaters Tauf- und Familien-Name, Stand und Wohnort, und der Mutter Tauf- und Familien-Name	Matka: její křestné jméno, náboženství a zdali vdaná jest či svobodna neb vdova, pak jejího otce křestné a rodinné jméno, stav a bydliště a její matky jméno a příjmí Mutter: Taufname, Religion (ob verheiratet, ledig oder Witwe), dann deren Vaters Tauf- und Familien-Name, Stand und Wohnort, und deren Mutter Tauf- und Familien-Name	Kmotrů jméno, stav a bydliště Der Paten Name und Stand
röm. kath.	eheliche Tochter	Huber Josef, ... ehelicher Sohn des Johann Huber, ... und dessen Ehegattin Maria, geborene Lang geb. 19/3 1890	Maria, eheliche Tochter des Anton Denk ... in Kodau und dessen Ehegattin Agnes geborene Brück geb. 3/5 1889	... Maria ...

Deutsch-tschechischer Geburts- und Taufschein meiner Mutter Valerie Brustmann, geb. Huber, aus dem Jahr 1917

Meine Mutter war die älteste Tochter des Josef Huber und der Maria Denk. Zwei jüngere Schwestern hatte sie und einen älteren Bruder, der Walter hieß und nicht mehr aus dem Krieg heimkam.

Kodau, 30. April 1945, sechs Jahre nach ihrer Heirat, da zerschlugen russische Soldaten die Eingangstür des Bauernhauses meiner Eltern und befahlen meiner Mutter kalt, am nächsten Tag den Bauernhof zu verlassen. Mit ihren drei kleinen Kindern und der alten Schwiegermutter (mein Vater war schon in Kriegsgefangenschaft) wurde sie anderntags in einen überfüllten Viehwaggon gepfercht, mitnehmen durfte man nur, was man mit eigenen Händen tragen konnte, die Kinder waren ein, zwei und vier Jahre alt.

Die schwere Rolltür des Viehwaggons schnappte zu, niemand wusste vom Ziel der Reise. Vor Sibirien hatte man die größte Angst. Als die Tür am nächsten Tag wieder aufgeschoben wurde, strahlte der Himmel blau, in den Bergen hing noch reichlich Schnee, man war in Teisendorf, in Oberbayern, auf-

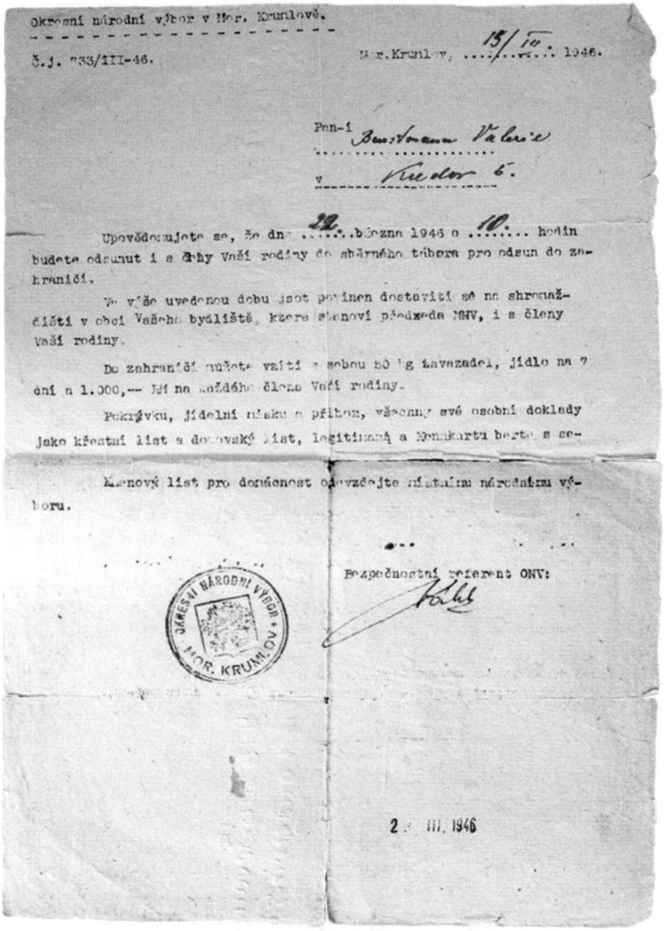

Okresní národní výbor v Mor. Krumlově.

Č.j. [illegible]33/III-46. Mor. Krumlov, 15/III. 1946.

Pan-í Bus[illegible] Valerie

v Kudlov 6.

Upovědomujete se, že dne 22. března 1946 o 10. hodin budete odsunut i s členy Vaší rodiny do sběrného tábora pro odsun do zahraničí.

Ve výše uvedenou dobu jsot povinen dostaviti se na shromaždišti v obci Vašeho bydliště, které stanoví předseda MNV, i s členy Vaší rodiny.

Do zahraničí můžete vzíti s sebou 50 kg zavazadel, jídlo na 7 dní a 1.000,-- Kč na každého člena Vaší rodiny.

Pokrývku, jídelní misku a příbor, všechny své osobní doklady jako křestní list a domovský list, legitimaci a Kennkartu berte s sebou.

Kmenový list pro domácnost odevzdejte místnímu národnímu výboru.

Bezpečnostní referent ONV:

OKRESNÍ NÁRODNÍ VÝBOR MOR. KRUMLOV

2[illegible] III. 1946

Ausweisungsbescheid vom 15. März 1946/10 Uhr

geschlagen. Am Bahndamm ein bizarres Gewirr von Menschen. Die heimatlosen Flüchtlinge mit Kindern und all ihrer kümmerlichen Habe, dazwischen die Einwohner von Teisendorf, Bauern und Handwerker meist, von den amerikanischen Besatzern gezwungen, Flüchtlinge aufzunehmen. Nur meine Mutter mit den drei kleinen Kindern und ihrer schon reichlich alten Schwiegermutter blieb am Ende übrig. Weinend saßen sie auf ihren Armutsbündeln. »Jetzt kummts mit mir«, erbarmte sich der Feldl-Bauer aus Oberteisendorf kurzsilbig der fünf Unglücklichen und nahm sie gottlob in seinen schönen Einödhof auf. Als mein Vater drei Jahre später aus der Kriegsgefangenschaft dorthin entlassen wurde, lebte man noch sieben weitere Jahre auf diesem Gehöft im ersten Stock eines kleinen Austragshäusels. Zwanzig Quadratmeter

Wohnfläche, kein Strom, kein fließend Wasser, Plumpsklo im Freien, das war im Winter schneeverschneit. Unter unserer Kammer im Parterre befanden sich der Brotbackofen und die Waschküche der Bäuerin; im Winter zogen die heißen Dämpfe von unten zu uns nach oben und legten sich als dünne Eisschicht an Innenwände und Fenster, Eisblumen waren noch nicht ausgestorben. Das Einvernehmen aber mit den Bauersleuten war gut und man musste nicht hungern, musste nicht frieren.

Mohnmühle aus dem Fluchtgepäck Südmährens

in den räumen meiner träume
will ich wachen
wachschlafen und wachträumen
will ich mich
mit den eisblumen
in der frühmesse
des wintertages

Mein Geburtshaus, das Austragshäusel des Feldl-Bauern in Unterwiesen/Oberteisendorf in Oberbayern/Deutschland

als achtes von neun kindern bin ich geboren
in schuld scham armut und schönheit
nur darum weiß ich so viel davon

Nach zehn Jahren ärmlichsten Hausens erhielten meine Eltern eine staatliche Flüchtlingsentschädigung, Lastenausgleich genannt, und erstanden ein Reihenhaus in Waldram, einem Ortsteil von Wolfratshausen, südlich von München. Die damit verbundenen Schulden machten meinen Vater für alle Zeit zu einem zähen, eisernen Sparer. Waldram hieß kurz vorher noch Föhrenwald und war nach dem Zweiten Weltkrieg größtes europäisches Auffanglager für Juden gewesen, die den Holocaust überlebt hatten.

Da, wo meine Mutter später in Waldram jahrzehntelang an ihrem Küchentisch bei der Arbeit gestanden hatte, da war eines Tages eine »Duin« im Stragula, eine Delle im Linoleum. Und als meine Mutter dann gestorben und so für immer weg war, war da nur noch diese Duin im Boden, diese kleine Spur ihres fast nur aus Arbeit bestehenden Lebensverflugs. Meine Mutter war eine einfache, fleißige Frau. Durchaus intelligent war sie, aber bei dem fest umrissenen Wirkungsbereich ihres Lebens floss dieses Gescheitsein immer nur in tägliche Haushaltsaufgaben und lebenskluge Kindererziehung, aber was heißt da schon »nur«.

Meine Mutter hat unablässig gearbeitet. Und die Arbeit ging ihr nie aus. Als sie mit vierzehn Jahren auf dem Bauernhof ihres Onkels als Dienstmagd »einstand«, war das wohl eine harte Zeit. Zum ersten Mal weit weg von den Eltern und Geschwistern. Und dann die durchaus harte, schwere, oft überschwere Arbeit auf dem Hof, auf den Äckern. Und wie sie einmal als junges Mädchen regendurchnässt beim Pflügen in einer tiefen Ackerfurche zu Fall kam mit zerrissener Schürze und in dieser Ackerfurche erschöpft liegen blieb und bitterlich weinte, das wusste sie auch später immer und hat es oft erzählt. Zehn Kinder hatte meine Mutter, zwei kleine Kinder starben ihr schon nach wenigen Tagen weg, das letzte Kind, das Zehnte, konnte sie nicht bis zum Ende austragen. Die anderen sieben hat sie sorgen- und liebevoll großgefüttert. Man kann sagen, dass sie für ihre Kinder ihr Leben gegeben hat. Das klingt in der Rückschau übergroß, war aber für sie selbstverständlich und nichts Besonderes, auch weil viele andere Mütter es damals nicht anders machten, und wenn die Stare in unserem Garten unermüdlich und pausenlos im Vogelhaus ein- und aussausen, um ihre Jungvögel zu füttern, denke ich immer an sie. Die Kinder, die häusliche Arbeit und der Garten waren ihr ganzes Leben. Meine Mutter hatte keine Hobbys, keine »Suchten«, wie sie solch sündhaften Zeitvertreib genannt hätte, schon das Wort »Hobby« wäre ihr nicht über die Lippen gegangen. Meine Mutter sang sehr gerne und sehr schön. Natürlich sang sie nur bei der Arbeit, nur keine Zeit vertun.

Als sie nichts mehr arbeiten konnte, war das nicht leicht für sie, trug sie schwer daran. »Wie hab ich gern gearbeitet, so gern gearbeitet, immer so gern gearbeitet«, war eine ihrer wenigen Klagen, die aber durchaus freudiges Sichzurückerinnern an die eigene Kraft und Ausdauer, Geschicklichkeit und hauswirtschaftliche Meisterschaft mit einschlossen. Zum Geburtstag buk sie mir meinen Lieblingskuchen, einen Kakaokuchen, der dunkel und fein duftend in dem noch aus der alten Heimat stammenden »Bratscherben« lag. An Weihnachten strickte sie mir Socken oder Handschuhe, ich habe immer noch welche, sie werden mir bis zu meinem Lebensende nicht ausgehen. Vor allem die gestrickten Handschuhe waren von spezieller Qualität, da sie diese mit Überresten ihrer alten, lachsfarbenen Unterwäsche zu füttern pflegte. Nur nix verkommen lassen, nur nix wegschmeißen, »nur net urassen«, was so viel wie verschwenden hieß und sich wohl vom lateinischen »urgere« ableitete. Als sie sich, schon bettlägerig, in ihren letzten Lebenstagen mit weit umherschweifenden Gedanken zum Sterben anschickte, sagte sie zu mir: »Jetzt lieg ich da so nutzlos herum, dabei wollt ich dir doch noch unbedingt einen Kakaokuchen stricken.«

»Liegt Böhmen noch am Meer, glaub ich den Meeren wieder«, schrieb Ingeborg Bachmann in einem ihrer letzten Sehnsuchtsgedichte. Aus Böhmen kam auch meine Mutter, wie für Böhmen so reichte es auch für sie nicht bis ans Meer, ohnehin konnte sie nicht schwimmen. Nie war sie im Urlaub, nie in Italien, nie saß sie in einem Flugzeug. Es fiel ihr nicht schwer, und der schöne Gemüse- und Blumengarten hätte eine längere Abwesenheit auch gar nicht zugelassen. Einziges »Ausspannen« von der Arbeit waren der tägliche Kirchgang und die alljährliche Pilgerfahrt nach Altötting. Meine Mutter war immer zufrieden mit ihrem Leben, sicher ab und an auch glücklich, natürlich auch unglücklich, selbstverständlich. Die Liebe zu ihren Kindern versuchte sie möglichst gerecht und gleichmäßig zu verteilen.

Meinen Vater hatte sie kennengelernt, als sie mit sechzehn Jahren das erste Mal zum Kirchweihtanz gehen durfte: ahh – die böhmische Musik. Allen Männern, die meine Mutter zum Tanz aufforderten, hatte sie vor lauter Scheu- und Jungsein einen Korb gegeben. Zum Schluss Damenwahl. Allen Mut nahm sie da zusammen. Sie wählte meinen Vater, den »Kürschnerloisl«, wie dieser nach seinem Hofnamen genannt wurde. Sie waren beide fesch, tanzten schön miteinander, mein Vater brachte sie nach Hause, das Zuhause lag lediglich auf der dem Wirtshaus gegenüberliegenden Straßenseite. Natürlich keine Spur von Kuss oder Zärtlichkeit oder Zutraulichkeit am Hoftor, um Gottes willen. Und doch, schon am nächsten Tage hieß es: »Loisl, wen hast du denn da gestern hoamgweist (heimgebracht)? Aha, die Waltschi«, wie man meine Mutter beim Namen rief, der eigentlich Valerie bedeuten sollte. Dabei blieb es. Den ersten Mann, den sie anfasste in ihrem Leben, hat sie geheiratet. Später neun Kinder, sechsundzwanzig Enkelkinder, siebzehn Urenkelkinder. Was für eine Lebensernte. Mein Vater allerdings blieb für immer ein Einzelkind.

Nur einmal stand meine Mutter in der Zeitung. Es war die Sterbeannonce. Es wäre ihr sicher unangenehm und nicht recht gewesen. Dass meine Mutter mir den Namen ihres Vaters gegeben hatte und ich meiner Tochter später den meiner Mutter, war so blindnah, dass mir diese enge Verknüpfung erst sehr spät aufdämmerte.

LAVOIR

Waldram, Gründonnerstag, 1967. Der Pfarrer hatte meinen Vater auserwählt für die kirchliche Fußwaschung. Natürlich wusch sich mein Vater die Füße vorher schon zu Hause im »Lavor«, einer kleinen, runden, vernickelten Waschschüssel, die ihren Namen dem mährisch-österreichischen Dialekt meiner Eltern verdankte, in den sich schnell auch Italienisches und noch mehr Französisches einmischen konnte. In dieses Lavoir schüttete meine Mutter heiße Seifenlauge, in der mein Vater sich die Füße wusch, sich anschließend die aufgeweichten Hornhäute herunterraspelte, seine Hühneraugen traktierte, sich die Zehennägel mit immer zu stumpfer Schere schnitt. Alle Vorbereitungen des Vaters waren für uns Kinder in diesem Lavoir versammelt, aus dem sich Ehrfürchtiges, Feierliches hob, Erwartungsvolles, etwas, das meinen Vater die Füße sorgsamer als sonst waschen ließ. Er war ausgewählt und er war sich dieser Ehre bewusst. Er war einer von zwölf, die Zahl stand für die zwölf Apostel des letzten Abendmahles, einer der zwölf auserwählten Bürger des Ortes, dem der Pfarrer im letzten Gottesdienst vor der Osternacht vor allen anderen dörflichen Kirchgängern die Füße waschen sollte, wie es Jesus damals an diesem Abend, der Überlieferung nach, mit seinen Jüngern tat.

Ein gewisser Stolz war meinem auserwählten Vater anzumerken, der aber seine Gottesdemut nicht kleiner machte und das Heilige nur noch heiliger. Dieses Simulacrum erhellte uns die Wohnküche, in der unser Vater sich die Füße so feierlich und gewissenhaft wusch, und nahm im Grunde die Fußwaschung in der Kirche, diese heilige Handlung, schon vorweg. Die Kirche ereignete sich gerade in unserer Küche und wir Kinder waren leiser als sonst und braver, ein wenig verwundert und mitverzaubert, vielleicht auch, weil sich während dieser konzentrierten Waschtätigkeit alles Immerstrenge von unserem Vater löste und wir Kinder vor ihm sicher schienen.

In meinem Vater wohnte ein tiefer, frommer Kinderglaube, der sich aber erwachsen ernst nahm, sich nie anzweifelte, nie überprüft wurde, sich nie in Frage stellte. Dass er den Krieg überlebt hatte, war für ihn zweifelsfrei eine Vorsehung Gottes gewesen. Während einer seiner letzten Lebensnächte, in der ich neben ihm wachte, betete er unablässig uralte Kirchengebete, die ihn aus seiner Kinderzeit aufsuchten, bezeichnete mich als Himmelsengel (du Liebreiche, du Segensreiche, du Himmlische), wobei er mich im Delirium vermutlich mit der Gottesmutter Maria, oder noch wahrscheinlicher, mit meiner ältesten Schwester Erna verwechselte, die ihm am allernähesten von seinen sieben Kindern war.

Von der Fußwaschung in der Kirche, der ich als Ministrant beiwohnte, sind mir nur noch wenige Erinnerungen geblieben, mag sein, weil die Fußwaschung,

Küchenherd meiner Mutter Valerie Brustmann in Waldram

die Eigentliche, sich schon in unserer Küche ereignet hatte. Mein Vater als Waschender und Gewaschener in einer Person.

Was ich aber noch weiß: Zwar kniete der Pfarrer in der Kirche vor meinem Vater, vergrößerte aber gerade durch diese Demutsgeste jesusgleich seinen ohnehin riesigen Autoritätsvorsprung, sodass mein Vater wohl über dem Hochwürden gebeugt saß, letztlich aber doch wieder weit unter diesen zu geraten schien.

Und doch: Mein Vater, der im Krieg wirklich alles verloren hatte, er, der so lange ein gedemütigter, geduckter, weltverlorener Flüchtling gewesen war, er zählte wieder, er war wieder wer, war gesehen, war ausgewählt, auserwählt. Sein »Geistlicher«, der Herr Hochwürden, wusch ihm die Füße.

»Lavoir«, aus Südmähren nach Oberbayern mitgebracht

Der Schrei einer Krähe.
Wenn man diese Vögel mag,
wird einem ihr Krächzen
zu einer schönen Krachmusik,
ähnlich klingend wie die Holzratschen,
mit welchen wir Kinder am Gründonnerstag
schnarrend durch die Gassen zogen,
frohgemut und auch ernstlich –
ich weiß heute nicht mehr wozu.
Ach, jetzt fällt es mir wieder ein:
weil die Kirchenglocken nicht läuteten,
sie waren ja angeblich nach Rom ausgeflogen.

SOUVENIR

Als ich unsere tote Mutter mithilfe meiner Brüder in den Sarg legte, erfühlte ich an ihrem Rücken einen kleinen, noch warmen, handtellergroßen Körperfleck, der nun in meiner Hand lag, um mir für immer Lebewohl zu sagen. Wie ein junges, schönes, ruhig schlafendes Mädchen lag sie im Sarg. Um ihren Hals wand sich der kleine, silberne Haarzopf, den sie sich jeden Tag selbst flocht mit ihren, auch im hohen Alter noch, sehr schönen Haaren. Von diesen Haaren riss sie sich dabei allmorgendlich zwei, drei aus, wand sie flink um das Ende des Zopfes, der war zu einer Schlaufe umgeschlagen, und verknotete ihn auf diese raffiniert-simple, kunstvolle Weise. Wie oft sie das wohl gemacht hat? Man könnte es an ihren Lebenstagen abzählen. Dass man berühmten Menschen vor ihrer Grablegung eine Locke vom Kopfe nimmt, davon weiß man, bei meiner Mutter aber drängte mich anderes. Diese alltägliche, geschickte, nahezu virtuose Handbewegung, dieses selbstvergessene, immergleiche Tun war mir in dem kleinen, silbernen Zopfende endgültig und für alle Zeit eingefangen und aufbewahrt. Jedoch, ich fand es vermessen, pietätlos, dieses einfach abzuschneiden. So flüsterte ich der ältesten Schwester meinen Wunsch ins Ohr, ihr, der großen Schwester, der »Dienstältesten«, wie um Erlaubnis bittend. Und sie, keine Sekunde zögernd, schnitt mit der Schere das Zopfende kurzerhand ab, das mich nun, in einem feingeschliffenen Glasgefäß ruhend, für den Rest meines Lebens begleiten wird.

Nicht immer ist mir dieses Erinnerungszeichen recht, manchmal wird mir der Anblick zu viel und ich verstecke das Glas im Schrank. An leichteren Tagen hole ich es wieder hervor. Ganz selten nehme ich das kunstvolle Haarschopf-Geschöpf aus dem Glas. Ganz selten nur berühre ich die Haare meiner Mutter und scheu.

Zopf meiner Mutter, die letzte Schlaufe

WEINGEISTER

Der Wein, den mein Vater in Waldram machte, war meist sehr gut, manchmal leider nicht. Die Trauben erntete er vom Spalier an unserer Hauswand, ein in der eher kühlen oberbayerischen Höhenlage riskantes und optimistisches Unterfangen, manchmal musste er den Wein deshalb schlichtweg nachzuckern, oh je! In seiner mährischen Heimat waren Lössböden und mildes Sonnenwetter ideale Voraussetzung für den Weinbau gewesen, bis sich dort 1920 die Reblaus breitmachte und alle Rebstöcke des Landes in aller Gänze auffraß. Vom Weinbauen und Weinmachen aber wollten die Südmährer auch weiterhin nicht lassen und so panschte (brantschelte) man auch in neuen Heimaten mit sauren Trauben und schlechten Fässern oder Glasballons herum. Mein Vater brauchte die Weinlaube und die Weinlaube brauchte ihn. Den Boden kalken, die Reben stutzen, die Trauben ernten, Amseln vertreiben, die Weihatschaar (Weinschere) nachschleifen. Mein Vater verrichtete diese Arbeiten gewissenhaft und froh. Weinmachen, das war etwas, was er von jeher kannte und konnte, eine sinnhafte und sinnliche Tätigkeit: »Also, Herr Brustmann, von dem nehm ich gern noch ein Glaserl.« Das Gären der Fässer im Keller war wie geheimnisvolles Atemgurgeln und Tierblubbern, geheimnisvoll und anheimelnd, manchmal flog wieder ein Stoppel (Korken) durch die Luft, dann gärte das Fass über. Ein leicht säuerlicher, mostiger Geruch erfüllte den Keller, der sich neben den Aromen von Kohle, Holz und eingelagertem Obst gut behauptete. Bisweilen prüfte mein Vater den Gärstand des »Heurigen« mit einem gläsernen Weinheber, das hatte etwas Chemisches, Alchimistisches. Unser Vater werkelte stumm und bestimmt, manches Mal ein wenig angespannt, und uns Kindern war alles ein Rätsel, um das wir uns nicht weiter kümmerten.

Am Ende war meinem Vater diese Arbeit zu schwer geworden, er schnitt die Weinstöcke so zurück, dass sie kaum mehr trugen, und zapfte den Wein von einer, vielleicht sogar absichtlich angelegten, »eisernen Reserve«. Und tatsächlich war diese so gut bemessen, dass mein Vater bis zu seinem Lebensende seinen eigenen Wein trinken konnte und ihn eines der Fässer sogar überlebte. Sein Wein hielt länger als er. Meine Schwester Annemarie ließ aus diesem Überbleibsel einen Weinbrand brennen. Jedes von uns sieben »Winzerkindern« bekam eine Flasche. So habe ich oft in Gedanken an meinen Vater ein Glas auf sein und mein Wohl getrunken. Zum Ende hin wurden meine Schlucke immer kleiner, bedächtiger, andächtiger, zuletzt waren es nur noch einsame Tropfen, die ich mir auf die Zunge träufelte, mit geschlossenen Augen still zergehen ließ. Seit einigen Jahren ist diese Quelle versiegt, aber immer noch öffne ich die Flasche von Zeit zu Zeit und halte meine Nase an den Flaschenhals.

Letzte Ernte, Jahrgang 2003

Der Weingeist, der Geist meines Vaters, kommt immer noch zu mir, zart und flüchtig besucht er mich. Ich weiß nicht, wie lange sich das Aroma in dieser Flasche halten wird, aber ich hoffe, dass es bis zu meinem eigenen Ende reichen könnte. Was werden meine Kinder machen mit dem Aromarest?

MEINE VIER SCHWESTERN

Meine vier Schwestern sind mir gut. Das war nicht immer so. Unsere Mutter musste sich um mein Nichtlaufenkönnen so sehr kümmern und solch große Sorgen machen, dass die ummichherumgeborenen Schwestern zu kurz kamen, vor allem die zwei Jahre vor mir auf die Welt gekommene. Sie mochte mich nicht und war sich dieser Abneigung so sicher, dass es ihr für immer zu gelten schien. Heute gilt es nicht mehr, wir mögen uns sehr und unsere Telefonate haben manchmal schon Stunden gedauert. Aber damals verließ sie mit erst sechzehn Jahren enttäuscht die Familie und wurde uns fremd. Erst als ihre Ehe in Stücke brach, bekamen wir sie wieder zurück. Erst jetzt wurden wir »verschwistert«. Aber schon als kleiner Junge war ich in sie verliebt, weil sie so schön war.

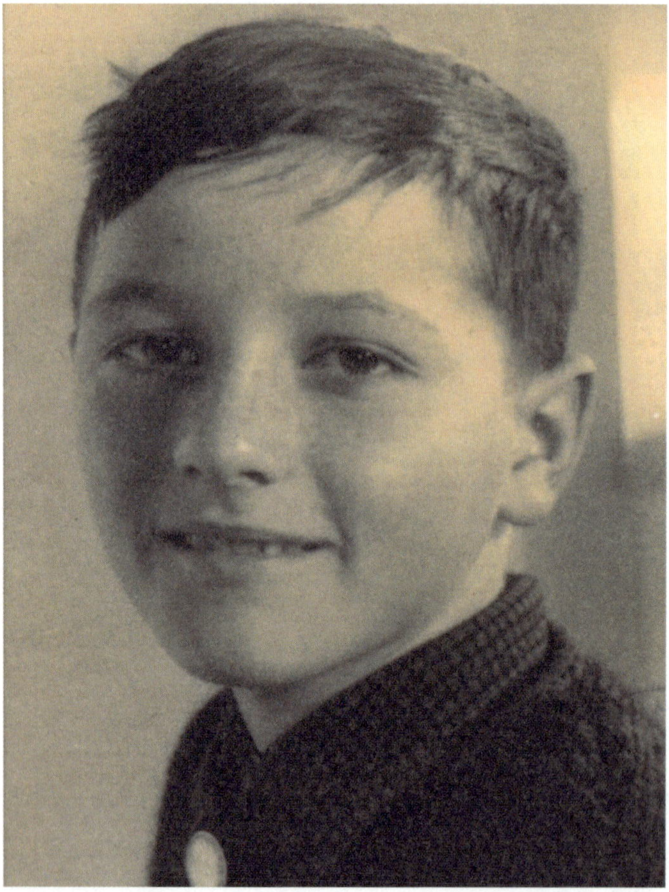

Meine vier Schwestern waren mir gut

Die drei Jahre nach mir geborene Schwester, das neunte und letzte Kind unserer Familie, wuchs in selbigem Sorgenschatten heran, den ich warf und der sie um einiges Mutterlicht brachte. Gottlob hatte sie so eine wunderbare Stimme, dass sie sich bald über uns alle hinweg in die weite Welt hinaussang und unser ganzer Familienstolz wurde, von allen neidlos bewundert. Später sang sie als Sopranistin an der Leipziger Staatsoper. Mit dem italienischen Komponisten Luigi Nono eng befreundet, schaffte sie es bis in die Mailänder Scala. So hoch hinauf kletterte auf der familienintern wichtigsten Bedeutungs-»Scala« niemand von uns Geschwistern.

Meine drei Jahre ältere Schwester war schon zu stark und gefestigt, als dass ich ihr zu viel Platz hätte nehmen können. Sie war von uns jüngeren Geschwistern die Anführerin und mir ein Vorbild. Zu allem, wohin sie ihre Neugierde, Ausprobierlust, Geschicklichkeit und Talent trieben, musste auch ich hin. Blockflöte- und Federballspielen, Maikäferfangen, Batiken, Strohsternebasteln, Tanzen, Schwimmen, Bergsteigen, Sternsingen. (Sie war das einzige Mädchen, das aufgrund ihrer herausragenden Stimme schwarz bemalt und mit weggebundener Brust bei den Sternsingern als Mohr mitsingen durfte, blackfacing.)

Meine älteste Schwester ist fünfzehn Jahre älter als ich. Sie war mir schon immer Schwester und Mutter zugleich. Sie war für mich etwas Besonderes, weil sie während meiner ersten Kinderjahre höchst selten nach Hause kam, wie ein Engel vorbeischwebend nur, kurzer Himmelsbesuch. Immer schon wieder im Weggehen war sie, wenn sie kam, wenn sie ausgelassen wurde aus ihrem Klostergefängnis als Klosternovizin, als Krankenschwester später, weit weg in Berchtesgaden arbeitend. Fürs ewige Gelübde, die sogenannte ewige Profess, in der der Klosterzögling Armut, ehelose Keuschheit und Gehorsam für immer schwört, für dieses Gelübde hatte sie sich schon eingekleidet. Alles lag ordentlich zusammengefaltet in einem schwarzen Koffer: schwarze Kleider, schwarze Bluse, schwarze Schuhe und Strümpfe, schwarz auch der Mantel und der Knirps.

Als sie kurz vor ihrem »großen Tag« diesen Koffer öffnete, schien es, als läge der schwarze Tod in ihm und greife nach ihr. Fast wie in einem Märchen schloss sie den Koffer blitzschnell, um den Tod nicht zum Zuge kommen zu lassen, reiste noch in selbiger Stunde heimlich zu den Eltern heim und »schwor« dem Klosterleben für immer ab. Woher sie Kraft und Mut nahm für so viel Entfesselungskunst, war allen schleierhaft.

Spät geheiratet hat sie und spät einen Sohn geboren. Früh hergeben musste sie diesen, wie wenn der Tod doch noch vorzeitig einen Weg gesucht hätte, seine schwarze Hand auf ihr frohes Herz zu legen.

als meiner ältesten schwester der einzige sohn genommen wurde mitsamt seinem boot verschlungen von neuseeländischer gebirgssturzflut günther hieß er wie mein verstorbener bruder und alle mochten ihn so da zitterte sie in meinen armen derart dass das wort zittern sich für mich in aller gänze und für immer ereignete

All das, was ich als Jugendlicher an mir trug, bestellte meine Mutter im Katalog des Warenversandes »Witt Weiden«. Geschmacksbildend war das alles nicht. Geschmack, Schönheit und Lust auf Stil kamen mit dieser Schwester über mich. Sie hatte ein untrügliches Auge. Sie ging mit mir ins Wolfratshauser Isar-Kaufhaus, das erste Kaufhaus im Landkreis, das uns Kinder mit einer Rolltreppe lockte. Mein erstes Sakko hat sie dort für mich ausgesucht, ich war ein williger, folgsamer Schüler.

Dass meine älteste Schwester die Rezepte unserer Mutter und auch unserer Großmutter völlig identisch nachkochen kann, ist nicht der einzige Grund, dass ich sie gerne besuche. Sie ist als Älteste obendrein das Familiengedächtnis, das immer wieder neue alte Familienbilder auferstehen lässt. Und sie ist uns »Nachgeborenen« eine treue Schwester und Leihmutter, sie verleiht sich oft und gerne.

An dem Familiennamen »Brustmann« trugen die heranwachsenden Schwestern schwer, Steilvorlage für spottende Mitschüler, deren Verklemmungen einzig nur in verbalerotischen Hänseleien ein druckabbauendes Ventil fanden. Eine der Schwestern erfand aus Scham vor dem Schuster für sich einen falschen Namen. Sie heiße Huber, schwindelte sie. Beim Abholen der reparierten Schuhe hatte sie aber den eilig erdachten Namen wieder vergessen. Wieder Scham, wieder roter Kopf, wie oft man sich schämt als Kind.

Meine vier Schwestern sind unserer Mutter sehr ähnlich. Sie arbeiten viel und gerne, sind mit wenigem glücklich, sind sehr treu, sind sehr stark und sehr beliebt. Leidens- und überlebensfähig gehen sie durch ihr Unglück hindurch und werden immer wieder froh. Sie lachen gerne, sie singen alle vier unglaublich schön. Sie haben alle vier, wie unsere Mutter, keine beste Freundin.

Familie Brustmann 1966 in Waldram

In meiner Familie wurde immer gesungen, fast mehr gesungen haben wir miteinander als gesprochen. In anderen Familien wurde gestritten, wir haben gesungen. Wenn man singt, ist man eher harmonisch aufgelegt, wenn man singt, hat man keine Zeit zum Streiten. Mund und Stimme haben anderes zu tun. Schon mein Großvater mütterlicherseits, Josef Huber, hat den ganzen Tag gesungen. Im Kirchenchor war er Solist, die Kirchgänger sollen den Kopf zur Orgel hochgedreht haben, wenn er gesungen hat. »Ah, der Huber Josef, der hat eine schöne Stimm!«

Mein Großvater hat den ganzen Tag gesungen, am Feld draußen bei der Arbeit, zu Hause im Stall und jeden Abend im Wirtshaus. Wenn ihm die Lieder ausgingen, hat er Kirchenlieder gesungen. Beim Sauschlachten soll er einmal »Oh Haupt voll Blut und Wunden« gesungen haben. Seine wunderschöne Stimme hat er gottlob seiner Tochter vererbt, meiner Mutter. Auch sie hat so schön, so gern und so viel gesungen.

Mit erst vierzehn Jahren war meine Mutter als Dienstmagd bei ihrem Onkel, einem Bauern im tschechischen (aber deutschsprachigen) Dorf Kodau, »in Stellung gekommen«. Oft schwerste Arbeit für ein junges Mädchen bedeutete das. Aber an den langen Winterabenden soll es sehr schön gewesen sein. Jeden Abend trafen sich die Dienstmägde auf einem anderen Hof, um dort die Gänsefedern zu »schleißen«, die man sich das Jahr über beim Gänseschlachten zusammengerupft hatte. An einem großen Tisch saß man, auf den das weiße, flaumige Gefieder ausgeschüttet war, entfernte die hartstingelingen Kiele und spliss die Federn in zwei Teile für ein möglichst weiches, flauschiges Plumeau. Das gemeinsame Zusammensitzen sparte Heizkosten, man war sein eigener Daunenfedernfabrikant und man war lustig in geselliger Runde, einer meist reinen Frauenrunde. Zum Most, zum Kaffee und etwas Gebackenem wurde fortwährend gesungen, immer zwei- oder dreistimmig, einfach aus der Lust heraus und »dem Gehör nach« frei improvisiert. »Jamsession« sagen die Musiker heute dazu.

Nur ausnahmsweise gesellten sich auch Männer zur Runde und brumpfelten ihren Bass dazu. Alles war erlaubt, jeder suchte sich seine eigene Stimme, seine eigene Linie, und wenn einer gerade in eine der Mägde verliebt war, wird er sich ganz besonders ins Zeug gelegt haben. Auch mein Vater hat sich diese »Anbandelgelegenheit« nicht entgehen lassen und auch er hat schön gesungen und hochmusikalisch improvisiert. Und wenn die Eltern uns Kinder später in den Schlaf gesungen haben, dann immer nur zweistimmig, und so haben wir Kinder von einem einstimmigen Lied lange nichts gewusst und das Mehrstimmige für das Normale gehalten, und wenn einer in der Stube etwas gesungen oder auch nur gesummt hat, so hatte er sofort alle anderen im Raume am Hals, die ungefragt und wie selbstverständlich sich einmischten und seinen »Cantus firmus« bienenschwärmerisch umsummten.

Wenn Besuch kam, hatte unser Vater immer die gleiche Idee: »Kinder, singts dem Besuch was!« Da gab es keine Widerrede, kein Dagegenreden. Wir stellten uns auf vor unserem Wamsler-Herd und sangen. Die verchromte Herdstange war dabei immer kühlender Halt für meine hitzig-heißen, lampenfiebrigen Hände, die ich ängstlich und schüchtern hinter meinem Rücken barg.

»Wie schön Ihre Kinder singen, haben Sie ein Glück mit Ihren Kindern und die Musik so kostenlos im Haus«, hieß es dann immer. Tatsächlich hatten wir lange keinen Fernseher, andere schon »in Farbe«, wir noch nicht einmal in »Schwarzweiß«, und so mussten wir uns unsere Unterhaltung noch selbst verfertigen und auch unsere Unterhaltungsmusik. Und Menschen von der Art eines Dieter Thomas Heck, eines Karl Moik oder eines Heinz Schenk vom »Blauen Bock« waren uns völlig unbekannt, die wussten wir nicht, und so kann ich meine Kindheit in dieser Hinsicht als eine sehr schöne, glückliche beschreiben.

Viel gesungen haben wir auch in der Ministrantenstunde. Das Liederbuch hieß »Der Turm«: Wir sangen »Wildgänse rauschen durch die Nacht« und »Negeraufstand ist in Kuba«, sangen Fahrten-, Piraten- und Galgenlieder. Wir sangen gerne, laut und rückhaltlos. Später in der Jugendgruppe dann viel »Modernes«: Gospels, Folksongs, Spirituals, alles auf Englisch, meist verstanden wir kein Wort, aber fanden uns sehr »hipp«. Dann verführte mich der Gruppenleiter. Er gab mir ein Liederbuch. Es war übertitelt mit »Der schiefe Turm« und verstand sich als eine Art Gegenbibel zum »Turm« und war es auch. Lauter Protestlieder. Degenhardt, Biermann, Hans Dieter Hüsch. Die Melodien hatten ihren eigenen Reiz und die Harmonien auch, so schöne, auf der Gitarre gut klingende Moll-Akkorde. Die Texte waren frech, politisch, hautnah und erotisch, revolutionär, fast kommunistisch, und »Kommunist«, dieser Ausdruck war im Sprachgebrauch meiner Eltern auch nach dem Krieg ein schlimmes, eines der schlimmsten Schimpfwörter: der Kommunist, der Bolschewist, der Russ! Mein Vater, wäre ihm das Buch in die Hände gefallen, er hätte einen Exorzisten ins Haus geholt. Jahrelang sang ich diese Lieder, die ja das Laute, Freche einforderten, ganz leise in meinem Zimmer, gut verborgen vor Eltern und Geschwistern.

Mein erster »Ostermarsch« später, so nannte man in den 70er-Jahren diese Art alternativer »Osterfeiern« der Friedensbewegung, führte mich nach Wackersdorf in den »Widerstand« gegen die Plutoniumwiederaufbereitungsanlage. Hubschrauber, Heerscharen von Polizisten, Tränengas, vom Himmel regnend, Schlagstöcke. Mit welcher Brutalität man in dieser trauten Waldeinsamkeit dem Menschenvölkchen der Oberpfalz das Fell über die Ohren ziehen wollte, wie konzertiert Großinvestoren, Politiker, Wissenschaftler, Medien und die gesamte Staatsgewalt in gemeinsamer Aktion auf das Volk einschlugen, war mir eine Lehre fürs Leben. Schockiert fuhr ich damals heim und schrieb sofort einen Song, einen Protestsong. Denn gesungen haben wir schon immer.

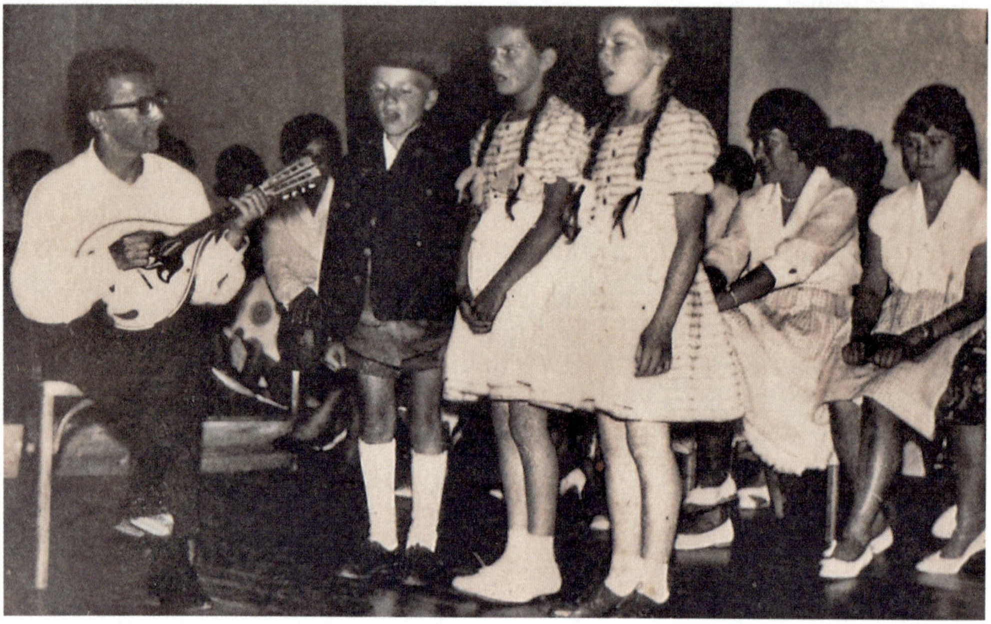

Franz Mayrhofer, wichtiger Mentor und Freund. Josef mit zwei seiner Schwestern

Was ein Eingeborener ist, ein »Dasiger«, wie ihn der Bayer nennt, werde ich nie wissen. Auch nicht, was Fremdsein bedeutet. Immer schon so zwischendrin, zwischen den Stühlen saß ich. Dass dieses »Zwischendrin« nie zur Last wurde, verdanke ich dem glücklichen Zufall, in Waldram aufgewachsen zu sein. In Waldram waren alle gleich, alle waren gleich arm, alle waren gleich fremd.

Mit drei Jahren kam ich nach Waldram, mit drei Jahren beginnt das Sich-Erinnern, seit ich mich erinnern kann, lebte ich in Waldram. Der Ort hieß ursprünglich Föhrenwald und war unter Adolf Hitler als Arbeitersiedlung für die Munitions- und Pulverfabriken in Geretsried gebaut worden. Sechshundert deutsche Arbeiter/innen und hundertsechzig französische Gastarbeiterinnen lebten hier, später Zwangsarbeiter/innen. Ab 1942 bestand die Belegschaft hauptsächlich aus Kriegsgefangenen und Zwangsarbeitern/arbeiterinnen aus ganz Europa. Nach dem Krieg retteten sich Juden, die das Konzentrationslager in Dachau und den von dort aus brutal organisierten Todesmarsch überlebt hatten, in die leer stehende und von den amerikanischen GIs verwaltete Siedlung. 1949 war Föhrenwald das größte DP(Displaced Persons)-Lager in ganz

Postkarte Föhrenwald/Waldram

Europa, Jewish Displaced Center benannt. Sechstausend Juden hatte man aufgenommen, sie strömten jetzt aus ganz Osteuropa hier zusammen.

Als es zwölf Jahre später vielen jüdischen Familien gelungen war, nach Israel, Kanada oder Amerika zu emigrieren, wurde die gesamte Ortschaft von der katholischen Kirche aufgekauft. Alle Juden, auch die, die gerne geblieben wären, mussten Föhrenwald verlassen.

Sehr schnell hatte man die Siedlung in »Waldram« umbenannt (nach einem Benediktinerabt aus dem 8. Jahrhundert n. Chr.) und den geschichtsüberträchtigen Namen »Föhrenwald« damit für immer aus der Landkarte radiert. Für Juden gab es hier keinen Platz. Noch 1955 versuchten neue Siedler, einen von Juden errichteten hölzernen Judenstern nachtheimlich abzusägen. »Es war noch nicht vorbei.« Eiligschnell wollte man in Waldram zu einer neuen Normalität zurückfinden. Wie »störend-verstörend« wäre es da gewesen, sich durch die Anwesenheit oder gar Nachbarschaft von überlebenden Juden permanent an die deutschen Konzentrationslager mit ihren Gaskammern erinnern zu müssen.

Siebenarmiger Leuchter an unserem späteren Elternhaus in Föhrenwald/Waldram

Der wohl einmalig schicksalshafte Wandel der kleinen Ortschaft Föhrenwald-Waldram zeigte sich im wilden Wechsel seiner Straßennamen. Aus dem »Adolf-Hitler-Platz« der Nazis wurde während der amerikanischen Besatzung der »Roosevelt Square«, aus »Roosevelt Square« der Amerikaner der »Seminarplatz« der neuen, kirchlichen Besitzer. Oft kam man mit den neuen Beschilderungen nicht hinterher, beziehungsweise mit dem Entfernen der alten. Die Straße meiner Familie später hieß Bettingerstraße. Im »Dritten Reich« trug sie den Namen »Ostmark Straße«, bis sie die amerikanischen Besatzer zur »California Street« machten.

Später wiederum widmeten die Amerikaner diese »California Street« Dr. Philipp Auerbach, einem Juden, der Ausschwitz überlebt hatte und bis 1951 Staatskommissar für Wiedergutmachung in München war. Philipp Auerbach nahm sich 1951 nach einem Meineidprozess, den ehemalige Nazirichter und Nazistaatsanwälte gegen ihn angezettelt hatten, das Leben. Unter diesen »Anzettlern« auch der Begründer der eben neu gegründeten CSU, Josef Müller, weitum bekannt als »Ochsensepp«, der nach einem Untersuchungsausschuss und nachgewiesenen schweren Rechtsbeugungen zurücktreten musste. »Es war noch lange nicht vorbei.«

Jüdische Zwillinge in der Ostmark Straße, der späteren Bettingerstraße

Die dreihundert Waldramer Reihenhäuser wurden im Anschluss an streng katholische, meist kinderreiche Flüchtlingsfamilien weiterverkauft. Ab 1957 war Waldram wieder rein katholisch. Die neuen, aus den deutschsprachigen Ostgebieten herbeiströmenden Flüchtlingsfamilien mussten beim Kauf vorlegen: einen Flüchtlingsausweis, ein Führungszeugnis, von einem katholischen Pfarrer ausgestellt, und einen Kinderreichenausweis (im Volksmund »Karnickelpass« genannt). Die Situation in Waldram war eine einzigartige. Ein ganzes Dorf mehr-

Föhrenwald/Waldram im Jahr 1957

fach »blutausgetauscht«, immer wieder auf null zurückgestellt, immer wieder resettet. In dieser Ortschaft gab es keinen Einheimischen, in dieser Ortschaft waren fast alle fremd, alle hatten gleich viel, nämlich nichts. Das Zusammenleben war demzufolge nahezu freundschaftlich, man half sich gegenseitig, wo man konnte, und in den zwanzig Jahren, während derer unsere Familie in Waldram wohnte, gab es bezeichnenderweise keinen einzigen Streit mit Nachbarn, keinen Diebstahl, keinen Einbruch oder ein sonstiges justiziables Delikt.

Waldram war für meine Eltern das große Glück in ihrem Leben, ein Glück, auf das man nach verlorenem Krieg und Heimatverlust niemals zu hoffen gewagt hätte. Ihre Dankbarkeit der Kirche und den Staatsträgern gegenüber hielt lebenslänglich, war unverbrüchlich.

Auch für uns Kinder war Waldram ein Paradies, all die vielen Spielgefährten in den Straßen, Kinder-Wimmelbilder, was braucht es mehr. Dazu liegt Waldram direkt an der Isar, das bedeutete grenzenlose Freiheit. Die Isarauen, ein Naturschutzgebiet ohne Förster, Jäger, Bauern, Polizisten, die Isarauen, ein Kinderreservat von größter Schönheit. Die Tage in meinem Kinderleben waren so: Schule – heim – Isar. In den Ferien: Isar. In den großen Ferien: sechs Wochen Isar, sechs Wochen große, große Freiheit.

Barfuß, in kurzer Lederhose an die Isar. Sich in den Sand legen, in die Sonne blinzeln, da schau, ein Eisvogel, ui schau, eine Kreuzotter. Wann lässt sich der Biber mal wieder blicken, eh nur nachts. Schwimmen, Tauchen, Blatschgen (Wurfspiel mit flachen Isarsteinen), Fischen (schwarz!), Feuer machen, Fisch braten, Rauchen, Judenstrick rauchen. Wir verwendeten das Wort »Judenstrick« damals völlig selbstverständlich, wenn auch ungewusst. »Judenstrick« war Ausdruck für ein bestimmtes Lianengewächs, dessen Strünke sich rauchen ließen. In uns Kindern schwang dabei immer das Bild mit, dass man an diesen Lianen Juden aufgeknüpft habe. In Wirklichkeit ist das Wort »Judenstrick« von dem Wort »Jutenstrick« abgeleitet.

Indianer gespielt haben wir nicht, wozu auch, wir waren ja Indianer, lauter kleine, echte, wildfreie Indianer waren wir, nur mit dem einen Unterschied, dass wir um sieben heim mussten, weil das »Betthupferl« im Radio kam: ich, zusammen mit drei, vier Geschwistern um das Radiogerät hingekauert. Ein Grundig Typ 97. Sein magisches Auge gab uns geheime Glutzeichen aus dem All.

Was in der Rückschau verblüfft und verstört: Wir Waldramer Kinder wuchsen ohne jegliches Wissen über Waldrams Vorgeschichte auf. Über diese sprach in den folgenden Jahrzehnten niemand mehr. Dabei hatten nur kurz vorher an gleicher Stelle viele schwer traumatisierte Juden, die oft mehrere Vernichtungslager überlebt und gleichzeitig einen Großteil ihrer Verwandtschaft in diesen verloren hatten, endlich wieder so etwas wie eine Heimat gefunden. Nur kurze Zeit vor der Ankunft unserer Familie hatte es in Waldram/Föhrenwald ein komplettes Schtetl-Leben gegeben, mit Synagoge, Ritualbad, koscherer Großküche, Religionsschulen, Laubhüttenfest, Theater- und Musikgruppen. Aber niemand sprach mehr darüber. Alles sank kollektiv-betäubt zurück in eine merkwürdig amnesische Vergessenheit. Erst heute wird diese Vergangenheit wieder erinnerbar gemacht. Zum einen durch das preisgekrönte Kunstprojekt »Föhrenwald« der Künstlerin Michaela Melian, zum anderen durch das 2018 entstandene Waldramer Museum »Badehaus«, das die geschichtsträchtige Vergangenheit von Föhrenwald/Waldram bestens aufbereitet. Zu verdanken ist dieses höchst besuchenswerte Museum dem Waldramer »Badehausverein« unter der Leitung von Dr. Sybille Krafft und ihren unglaublich engagierten Mitstreitern/innen.

BLÜTEN

Einer der ersten neuen Siedler und Heimatvertriebenen in Föhrenwald-Waldram war Rudolph Baumgartl aus dem Egerland. Als Volksschullehrer, Kirchenchorleiter und universell Geschichtskundiger war er der Erste, der der blassbleichen Siedlung wieder etwas kulturelle Lebensluft einhauchte. Auch jüdisches Leben hat er noch in der Siedlung miterlebt. Und viele verrückte Geschichten:

Während des Zweiten Weltkrieges waren jüdische Künstler von Adolf Hitler gezwungen worden, englische Pfundnoten zu fälschen, um sie über London abzuwerfen und die dortige Währung zu destabilisieren. Einige dieser begabten Zeichner überlebten aufgrund ihrer Kunstfertigkeit den Krieg und strandeten im DP-Lager Föhrenwald. In ihrer existenziellen Not machten sie dort von ihrem wirklich ganz speziellen Können weiter Gebrauch, ungestört und unbedroht, weil das Lager von den Amerikanern bewacht und beschützt wurde und niemand sonst es betreten durfte.

Ein endliches Ende fand diese Föhrenwalder Geldvermehrung erst, als ein mit englischen Blüten beladener Lastwagen in Wolfratshausen über die in den letzten Kriegstagen gesprengte und nur höchst notdürftig wiederzusammengeflickte Loisachbrücke fuhr, dabei in Schieflage geriet, einige Kisten dabei in die Loisach stürzten und demzufolge massenhaft englische Geldblüten auf dem Fluss trieben. Das war wohl das einzige Mal, das Wolfratshausen etwas mit Föhrenwald zu schaffen hatte.

STERNSINGEN

Mit acht Jahren durfte ich zum ersten Mal mit in den Kirchenchor. Ich sollte im »Alt« mitsingen. Im Alt sangen lauter alte Damen und so dachte ich lange, dass der Name dieses Stimmregisters daher rühre.

Die Stimmführerin im Alt hieß Frau Wengbauer. Sie nahm mich unter ihre Fittiche. Sie war streng, aber neben ihr zu sitzen, hatte Vorteile, weil sie zuverlässig eine rote Blechschachtel mit der Aufschrift »Pulmoll« mit sich führte und wann immer sie sich daraus ein stimmförderndes Hustenlutscherl (Hustenbonbon) genehmigte, hielt sie auch mir die Dose hin. Meine Geschwister beneideten mich. Brahms, Mozart, Schubert, die schönsten Kompositionen sang ich dort im Kirchenchor schon mit acht Jahren, und auch heute noch, wenn ich diese geniale Musik höre, fährt sie mir durch alle Sinne. Manchmal spüre ich dabei einen leichten Pulmoll-Geschmack auf der Zunge.

Unser Dirigent war Rudolph Baumgartl. Er kannte viele schöne alte Lieder. Mit zehn Jahren durfte ich mit zum Sternsingen. Der Chorleiter brachte uns ein altes Dreikönigslied bei. Schön angezogen waren wir, meine großen Schwestern staffierten uns aus. Ich trug einen gelben Turban, der war mit Pfauenfedern und einem Rubin (Glas) geschmückt, goldene Ohrringe (double), über die Schulter eine handgeklöppelte Spitzendecke, eigentlich der Vorhang unseres Klofensters. Wir sangen engelsgleich, sahen prächtig aus, schwenkten wildverwegen das Weihrauchfass, Rauchmelder gab es damals noch nicht. Die Menschen liebten uns und unsere Hausbesuche blieben nicht ohne Lohn. Wir hatten immer einen Leinensack dabei.

Im ersten Jahr legten uns die Aufgesuchten recht einfache Gaben in den Sack, Dinge, die man für sich selbst im Weihnachtshaushalt führte: Äpfel, Birnen, Nüsse, Christstollen, Plätzchen, Kletzenbrot. Dann erfand sich das deutsche Wirtschaftswunder und bescherte uns gekaufte Süßigkeiten: Schokolade, Pralinen, Kaugummi, das erste Milky Way war unendlich wertvoll und wurde in drei streng-gleichgroße Teile aufgeschnitten. Das Wirtschaftswunder wunderte sich weiter. Plötzlich gab es Südfrüchte: Orangen, Mandarinen, Datteln, Feigen, Ananas. Nichts von alledem hatte vorher für uns existiert. Ich weiß noch eine Zeit, in der es das alles nicht gab.

Und Ludwig Erhards Wirtschaftswunder war noch nicht am Ende. Jetzt bekamen wir von den Waldramern echtes Geld. Bald schon hatten wir eine Blechdose dabei, in die uns unsere »Kundschaft« ein Fuffzigerl oder ein, zwei Markl hineinwarf, Herr Dr. Prockl immer einen Fünfer. Unser Ohr war damals so gut geschult, dass wir vom Klang der Münze unfehlbar auf ihren Wert schließen konnten.

Mit Deutschland ging es weiter bergauf. Jetzt manchmal, meist in der Neubausiedlung: Da öffneten die Leute die Haustür einen Spalt, hielten einen Zehnmarkschein heraus und schlossen die Tür schnell wieder, ohne uns einzulassen. Mag sein, sie hatten jetzt schon einen Rauchmelder. Sicher war diese kühle Abweisung auch Resultat des neuen Wohlstandes: Die Menschen hatten viel Geld, aber auch wenig Zeit und weniger Sinn für Sinnlichkeit.

Mehrere Jahre ging ich mit den Sternsingern. Wir waren Glückskinder. Das ersungene Geld reichte fürs ganze Jahr. Taschengeld gab es nicht, noch nicht einmal das Wort, den Begriff. Hochwürden hatte den Sternsingergeldsegen lange nicht bemerkt. Als er ihn bemerkte, ging er selbst mit.

VATER, DER VIERTE HEILIGE DREIKÖNIG

Immer am Dreikönigstag zog mein Vater die große Kohlenschaufel unter dem Ofen hervor, legte ein Stück glühende Kohle darauf und streute Weihrauchkörner darüber. Mit »wachelnder« Weihrauchfahne schritt er würdevoll voran und segnete jedes Zimmer im Haus, wir Kinder zogen still hinter ihm her. Wie ein Hohepriester, unser Vater, ernst und feierlich, wie sonst nie. Mit ein bisschen Spucke löschte er die alte Jahreszahl von den Türen, um mit einer Kreide die neue anzuschreiben. Zwischen die Jahreszahl waren die Buchstaben C*M*B gesetzt, die Anfangsbuchstaben von Caspar, Melchior und Balthasar, dem Vater nach. Später im Lateinunterricht nach der Bedeutung dieser drei Buchstaben gefragt, war die Antwort für mich einfach. »Wer hat dir denn das beigebracht? C*M*B, das sind doch die Anfangsbuchstaben von ›Christus mansionem benedicat‹, von ›Christus segne dieses Haus‹«, wusste es der Lateinlehrer besser. Zu Hause versuchte ich zu erklären, was diese drei Buchstaben in Wahrheit zu bedeuten hätten. Darauf mein Vater: »Ja, auf Lateinisch vielleicht.« Wie gerne hätte ich dieses schöne Ritual meines Vaters fortgeführt, die Kohlenschaufel jedoch erbte meine älteste Schwester, sie rückt sie nicht mehr heraus.

MANN

Ab wann ist man Mann? Ich für mich weiß es genau. Als unser neuer Nachbar, ein ungarischer Flüchtling, das Dach seines Waldramer Hauses decken musste, sollten mein Vater und ich mithelfen. Kostenlose Nachbarschaftshilfe. Eingereiht in eine Männerkette, nahmen wir die roten Dachziegel vom Unterunsstehenden entgegen, um sie an den Überunsstehenden weiterzureichen. Keine überschwere Arbeit, aber doch, hoch auf dem Dache stehend, eine »Männerarbeit«. Ich kam mir wichtig und brauchbar vor.

Damals schon sportlich und geschickt, entglitt nicht ein Ziegel meinen Händen. Der Lohn fürs Mithelfen war ein kräftiges, gutes Mittagessen: gefüllte Paprika, ein ungarisches Gericht. Ich saß mit den anderen Männern am Tisch, trank wie selbstverständlich Bier, verspeiste meine zwei Paprika, einen roten und einen orangefarbenen, mit großem Appetit, hörte den Männern bei ihren fachsimpelnden, grobkörnigen, manchmal auch grobwitzigen Gesprächen zu, sprach selbst kein einziges Wort. Aber ich gehörte dazu. Auf eine sehr einfache und stille Weise war ich erfüllt, zufrieden und glücklich. Ich war jetzt vierzehn und zum ersten Mal gehörte ich zu den Männern.

Wir waren zu Hause viele Kinder. Sieben. Wo wir alle herkamen, war nicht bekannt. Für einige Zeit musste der Storch dafür geradestehen, manchmal legten wir ihm Zuckerstücke aufs Fenstersims. Störche waren selten, Kinder dagegen waren in Waldram Massenware. Immer wieder wurde unsere Mutter um die Bauchgegend herum »stärker«. Wenn sie zu platzen drohte, ging sie alleine ins Krankenhaus und kam zu zweit zurück. Dann schrie etwas im Stubenwagen. Kein Wort wurde verloren darüber. Keiner sagte etwas, keiner fragte. Gestillt wurde das Etwas, aber das sahen wir nicht. Eine entblößte Mutterbrust kam nicht vor.

Im Katechismus lasen wir später: Seid fruchtbar und mehret euch. Oder: Kinder sind eine Gabe Gottes. Alles Begreifbare aber, alles »Handgreifliche« war so weit weg, das Kindermachen wie das Kinderkriegen. Alles war sehr hoch in den Himmel weggehängt, in dem nur der »liebe Gott« und die Störche flogen. Wir Kinder blieben blind zurück auf der Erde, fast in der Erde, wortlos, bilderlos.

»Mit Händen zu greifen« war meine erste Kindheitserinnerung gewesen. Meine erste Kindheitserinnerung war ein »Pssst«.

»Du aua?«, fragte ich meine Schwester, die fünfzehn Jahre älter ist, und deutete unter der Bettdecke tapsend auf ihre entblößten Brustwarzen, vernarbte Schnittwunden vermutend. »Pssst«, sagte sie zu mir und ich gehorchte. Meine erste Kindheitserinnerung war erotischer Natur, ein »handgreifliches« Erlebnis zwar, das aber sogleich mit einem »Pssst« wieder versiegelt wurde. Meine erste Lebenserinnerung ist verknüpft mit einem Schweigetabu.

Als meine Freundin (und spätere Frau) damals mit achtzehn Jahren schwanger wurde, haben ihre Lehrer sofort gehandelt, dieses Handeln aber in eine Schweigewolke verpackt. Man schloss sie am Ickinger Gymnasium vom Schulunterricht aus. Gründe nannte der Lehrerrat keine. Es ging wohl eine Gefahr von ihr aus, eine ansteckende Krankheit vielleicht, oder etwas Aussätziges, unaussprechlich Sündiges. Man wusste es nicht so genau, folgte brav und widerspruchslos. Instinktiv wusste man Bescheid. Gnädigerweise durfte sie das Abitur alleine in Klausur nachschreiben.

Die verdeckte, verschwiegene Wirklichkeit aller menschlichen Fruchtbarkeit und Fortpflanzungsfreuden warf allerdings ihre Schattenbilder. Es gab Keuschheit und Unkeuschheit. Aber wozu?

Sechstes Gebot: Schamhaftigkeit und Keuschheit. »Da hab ich nix«, log ich dem Beichtvater ins Ohr. Auch später – nie log ich so viel wie beim Beichten. Natürlich waren es verschämte Notlügen, ich wusste nicht, was das Wort »Schamhaftigkeit« bedeutete, es war ein Fremdwort für mich.

Was Schamhaftigkeit war und was Unschamhaftigkeit, darüber traute sich unser Herr Pfarrer nicht zu sprechen. Ihm waren selbst die Hände gebunden: »Fasst euch nicht mit den Händen an ›untenrum‹«! Das war schon alles, mehr Wegweisung gab es nicht. Diesen Lückentext musste man sich mittels Angst und Fantasie ergänzen, mit Blindenschrift. Monatelang wusste ich nachts im Bett nicht wohin mit meinen Händen, lag starr auf dem Rücken, die Hände vom Körper weit weggespreizt, der Herrgott sieht alles.

Das Erstkommunionkind, einen Beichtzettel als Spickzettel. Es zerknüllt ihn nach der Beichte und wirft ihn in den Papierkorb. Ich sehe es und das Kind sieht, dass ich es sehe. Es angelt sich den Beichtzettel mit seinen darauf gekritzelten Sünden nochmals aus dem Papierkorb, um ihn in winzige Fetzen zu zerreißen. Ich lache, der Junge errötet und geht dann schnell aus der Tür.

Ein späterer Traum: Meine Mutter aufrecht in der Badewanne sitzend. Die Badewanne mit blauschwarzem Wasser gefüllt – wie in Tränen sich auflösende Wimperntusche. Meine Mutter als wunderschöne Steinskulptur, fein polierter, blauer Marmor – Michelangelo, Raffael, Sixtinische Kapelle. Das Tränenwasser reicht ihr bis zum Bauchnabel. Mit schönen, großen Brüsten sitzt sie lebendig-echt und doch wie in ewigen Marmor gemeißelt in der Badewanne. Ihre Brüste liegen bloß und nackt vor meinen Augen, aber ich kann sie nicht sehen. Bloß und nackt liegen sie vor mir, sie sind da, aber da, wo sie sind, täuscht nur ein blinder, blaumarmorner Schimmer.

wie schön
unser alter küchenofen
der die scheiben
so wunderbar beschlagen ließ
auf die ich nackte frauen
mit großen brüsten
malen konnte
und voller angst
schnell auch wieder
wegwischen
wenn sie wieder hereinkam
in ihr küchenreich
meine strenge mutter
wie heiß mir die stirne da war
vor sünde und lust

EINE MASCHE FALLENLASSEN

Heute hat für mich die Kirche das Weltliche längst gesegnet, damals aber war ich auf einer sehr katholischen Schule. Aufklärungsbücher gab es schon, aber erst ab der zwölften Klasse. In unserem Aufklärungsbuch gab es zweifelsohne eine Besonderheit: Die beiden bebilderten Doppelseiten unserer Sexualkundefibel waren wie von Engelshand zugeklebt. Immer wieder fanden sich aufgekratzte Stellen an den verklebten Seiten, an welchen die lüsternen Fingernägel der Vorbesitzer vergeblich versucht hatten, den Bildern unter die Röcke zu luren. Diese verschlossenen Bilderseiten jedoch erschufen neue Bilder in unseren Köpfen, Fantasiebilder, die, von aller medizinischer Sachlichkeit erlöst, Eingang in unser Innerstes fanden und uns schönste Spaziergänge in unseren Kopfwelten machen ließen.

Spazieren gegangen bin ich damals auch – mit Bärbel. Wir gingen durch das Wiesengras des Bauern, Schauspielers und Wirtshausbesitzers Sepp Bierbichler, legten uns auch da hinein und schauten vom Bichel oberhalb des schönen Gasthauses auf den Starnberger See und in die zu uns herwinkenden Berge. Es war Juni, der Löwenzahn war schon am Ausfliegen. Bärbel knickte einen der weißlichen Vollmonde, blies mitten hinein und der Samen trudelte hinunter zum See und zum Gasthaus des Bierbichler, der auch dem Wirtshaus den Namen gab. Ein Gedicht von Peter Huchel kam mir in den Sinn, ein Löwenzahn-Gedicht, ich zirpte die erste Strophe:

Fliegen im Juni auf weißer Bahn, flimmernde Monde von Löwenzahn.
Liegst du versunken im Wiesenschaum, löschend der Monde flockenden Flaum.

Bärbel ganz still, ich riskierte die zweite, dritte und vierte Strophe.

Monde um Monde wehten ins Jahr, wehten wie Schnee um Wange und Haar.
Zeitlose Stunde, die mich verließ, da sich der Löwenzahn weiß zerblies.

Sicher eine etwas kitschige Situation dort im Gras, aber verliebte Mädchen verzeihen Schmalziges leicht. Bärbel küsste mich spontan und unerwartet und zwar direkt auf den Mund, und das bedeutete damals schon einiges. Im Jahr darauf lag ich an gleicher Stelle mit Petra. Petra, ein offenherziges, zugängliches Mädchen, und wieder stand der Löwenzahn weißkugelig im Gras. Besagtes Gedicht bot sich erneut an und nur knapp widerstand ich der großen Versuchung, den unschuldigen, dichterischen Impuls zur Masche verkommen zu lassen. Petra allerdings wirkte merkwürdig verschlossen und in beklommene Gedanken eingewickelt, sie war nicht auszurechnen. Schon nach zehn Minuten wollte sie hinunter zum Wirtshaus auf einen Kaffee. Und da erst gestand sie mir, wie groß Angst und Befürchtungen gewesen wären, dass ich auch ihr das Löwenzahn-Gedicht aufsagen würde. Bärbel hätte ihr letztes Jahr so vorgeschwärmt.

BRÜDER ZUR SONNE UND FREIHEIT

Meine zwei Brüder sind meine großen Brüder, sie sind zehn und elf Jahre älter als ich, ich verdanke ihnen viel. Sie haben Musik gemacht und gesungen und mich bald mitgenommen. Ihnen nach, ihnen hinterher, das war mein ganzes Sehnen. Mit fünfzehn Jahren schon spielte ich Kontrabass in der kleinen Hochzeits- und Volkstanzkapelle meiner Brüder, mit fünfzehn Jahren war ich meinen Eltern entkommen. Ich hatte Proben, Auftritte und eigenes Geld. Oft kamen wir erst spätnachts von Veranstaltungen zurück, doch meine Eltern wähnten mich in der Obhut meiner Brüder, die allerdings vom Leben, den Lebensfreuden und vom lustigen Vagabundieren schon einiges wussten.

Das deutsche Wirtschaftswunder hatte sich zwanzig Jahre nach dem blindwütigen Krieg großartig herausgeputzt, die Menschen wollten wieder feiern und lustig sein und sie wollten feiern mit Musik. Und wir »machten« Musik. Wir spielten zu allen Anlässen: Taufen, Geburtstagen, Hochzeiten, Beerdigungen, Volkstänzen, Advents- und Passionssingen. Wie der Zeiger einer Sonnenuhr wanderten wir mit den Menschen, mit ihren Lebensverläufen, mit ihren Jahresverläufen im musikalischen Kreis, ihre Feste, Feierlichkeiten, Lustbarkeiten, Kirchgänge archaisch vertiefend oder zu spielerischer Oberfläche emportreibend, hochjuxend. Wir spielten rasante, »bairische« Volksmusik und sangen alte »bairische« Lieder, Schönheitsperlen, durch jahrhundertealte mündliche Überlieferung aufs Allerfeinste herausgesiebt. Und natürlich konnten wir in der Kirche schnell sehr fromm werden, vor allem mein ältester Bruder, der soeben einem Priesterseminar entlaufen war. Ohne allzu streng zu sein, verabscheuten wir geldeinbringenden Volkskitsch. Das Urteilsvermögen, das Kitschige vom

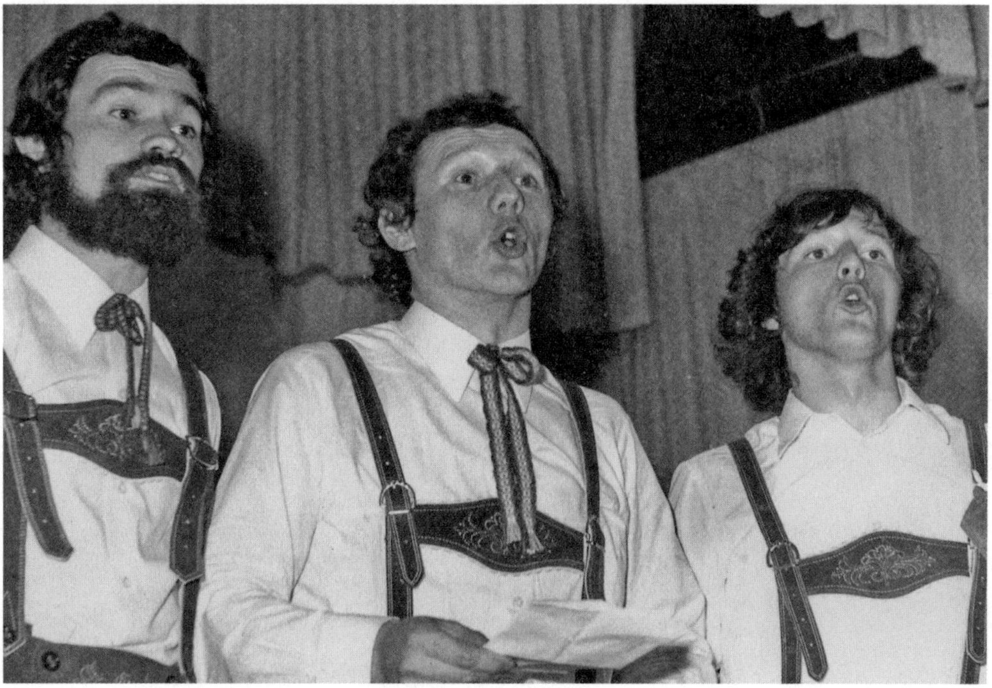

Alois, Herbert und Josef

Echten zu trennen, war sicher der bäuerlichen Einfachheit und Wahrhaftigkeit unserer Eltern geschuldet, und so galten wir Flüchtlingskinder mit unserer Volksmusik in Bayern als maximal integriert. Fernseh- und Rundfunkaufzeichnungen waren die Folge und Auslandsreisen mit dem Goethe-Institut. Nie habe ich auf meinem Kontrabass oder meiner Zither »geübt«, keine Minute mich geplagt, immer nur spielen wollte ich, spielen, mit den Größeren mitsausen, alles Vorwärtskommen war von Leichtigkeit und Lust bestimmt.

Die Ausfahrten mit meinen Brüdern waren lustig und abenteuerlich, absurde Kaurismäki-Filme im Grunde.

Anfangs reisten wir mit einem 500er Fiat. Der Kontrabass am Beifahrersitz aufgerichtet, der Instrumentenhals ragte durch das geöffnete Faltdach in den Nachthimmel. Einer der Brüder am Steuer, mit dem anderen zwängte ich mich auf die Rückbank, Gitarre, Trompete, Klarinette, Notenbücher auf dem Schoß. Bei Regen fuhren wir geschlossen und lagen schräg verknotet mit dem Kontrabasshals auf der Rückbank. Wann immer uns ein Tier in die Bahn geriet, reiste es mit uns als »blinder Passagier« weiter, um sich erst spätnachts im elterlichen Keller des Fells entledigt vorzufinden. Meine Brüder hatten diesen durchaus lohnenden Umgang mit Getier noch in der Einöde unseres Gastbauern in Teisendorf gelernt und machten das gekonnt, nahezu virtuos und mit lustiger Lust. Auch vor einem Rehbock, der es leichtsinnigerweise mit uns aufnahm, machten meine Brüder nicht Halt, ganz im Gegenteil. Natürlich war da unser Gefährt schon ein Größeres.

Auch unser Publikum wurde größer. Das »größte« Publikum hatten wir auf einer Hochzeit, bei der das »bohnenstangige« Brautpaar nur Riesen aus ihrem Verein für Großwüchsige eingeladen hatte, alle waren über zwei Meter zehn. Wir Brüder saßen auf Stühlen wie winzige Zwerge im Vergleich, wie Liliputaner, umtanzt von riesigen Riesenmenschen aus Gullivers Reisen. So gerne dreht sich dieses Bild immer noch in meinem Kopf und immer mit tremolierender Musik.

Eine seltsame Schüchternheit,
die über mich kommt,
werde ich auf meinen Bühnenruhm angesprochen.
Ich mag ihn nur zum kleinsten Teil für mich beanspruchen.
Immer sehe ich da diese Zirkusfamilien,
die gerade den Kleinsten und Leichtesten und Schwächsten,
wohl auch den Schwindelfreiesten,
in ihrer Artistenpyramide ganz nach oben durchreichen.

Unsere Auftritte führten uns durch alle Gesellschaftsschichten, dabei lernte man viele und vieles kennen und das einfache und ärmere Leben höher schätzen als das reiche, pralle, weil es meist saftiger, lustiger und spannender war. Unsere Auftritte in kirchlichem Rahmen forderten auch Musikstücke aus dem klassischen Repertoire ein und so lernte ich Violoncello und Klavier, eine Grundvoraussetzung auch für mein späteres Musikstudium an der Münchner Musikhochschule. Noch während des Studiums hatte ich drei Kinder erzeugt. Ernährt habe ich diese in erster Linie mit meiner Straßenvaganz, was mein Vorwärtskommen im Studium fröhlich hemmte. Geschafft habe ich meine Staatsexamina etwas knapp, doch war mir der weitaus bessere Lehrmeister das Leben selbst und das war vielfältigst und bunt.

Ein bunter Hund war ich als Lehrer, und ich war gerne ein Lehrer, bin aber lieber ein Lernender als ein Lehrender und hoffe, es immer zu bleiben. Die Angst, vom sechsten bis zum sechsundsechzigsten Lebensjahr immer nur in

Schulhäusern kaffeegedopt einherwandeln zu müssen, machte mir Beine und ich entschwand ins Musikkabarett.

Die große Chance für einen beruflichen Richtungswechsel bot sich nach einem Sabbatical, einem halben Jahr bezahlten Bildungsurlaub. Dieses halbe Jahr war ein Segen. Finanziell abgesichert, machte ich ein halbes Jahr lang nur, was ich wollte. Ich komponierte, schrieb, malte, reiste nach Afrika, nach Gambia, und zog dort mit Musikern und Tänzern eine Weile mit. Ich probte mit einer Kabarettgruppe, wir traten auf, es funkte von Anfang an. Diese neue Freiheit war ein großes Glück, eine große Versuchung auch, ich gab den Lehrerberuf auf und wurde Kabarettist, Musikkabarettist.

Alle Unterrichtsvorbereitungen hatte ich nach meinem Lehrerende in einen großen Papiercontainer vor meinem Haus gekippt, als spielende Kinder den Container eroberten und, von meinen Notenblättern inspiriert, im Container laut zu singen und wild zu tanzen begannen. Die Notenblätter wirbelten hoch durch die Luft und legten sich auf Kinder und Lehrerzeit. Die Schule war aus.

BAIRISCH DIATONISCHER JODELWAHNSINN

Was mir in der Volksmusik damals abging, waren die Moll-Akkorde, das Melancholische, das Politisch-Aktuelle, das Wagnis, das Experiment. Ich wollte hinaus ins Leben, hinaus in die Welt, wo die Welt aber war, wusste ich nicht. Bei uns zu Hause am Abendtisch ging es schon lebendig und lustig zu, aber der Gaudi waren die Grenzen eng gesteckt. Nichts Freches, nichts Kritisches, nichts Anzügliches, nichts Unfrommes war uns gestattet: »Tu nicht schon wieder kritisieren, tu nicht schon wieder politisieren.« Alle hielten sich streng daran, aber wenn man unbedingt wollte, konnte man sich beim Vater ganz leicht eine Ohrfeige »abholen«.

Als ich ins Kabarett ging, war das befreiend, auf einer Bühne vor fremden Leuten einfach sagen und singen, was man denkt. Aber dieser Schritt war auch mit viel Scham und Gewissensbissen verbunden. Die alte Familienmoral, die mich ritt und die ich aus dem Sattel werfen wollte, hielt sich krampfhaft an meinem Hals und an meinen Haaren fest. Damals ein Traum: An der Plakatwand unserem Haus gegenüber sollte ich ein Wahlplakat der »Grünen« anbringen. Mein Vater trat vor die Haustür. Meine Angst war ungemein groß, im Boden wäre ich gerne versunken. Ich erwachte sofort. Nie wollte ich meine Eltern kränken oder mit ihnen »abrechnen«, nur eigene Wege gehen wollte ich, frei ins Feld springen wie ein Grashüpfer, der beim Lospringen nicht weiß, wo er wieder aufkommt.

Josef – Moni – Otto

Der Sprung ins Nichts war ein Sprung in die freie Kunst. Der Sprung war nicht vorbereitet, zumindest nicht bewusst, war eher ein Stolpern mit traumwandlerischer Sicherheit. Wie leicht Traumwandler vom Dach stürzen. Ich bin gesprungen, dabei nicht abgestürzt, bin aus dem Stürzen heraus in einen bemerkenswerten Flugmodus hinübergeglitten.

»Bairisch Diatonischer Jodel-Wahnsinn« nannte sich die »Fluglinie«, eine Musikkabarettgruppe, die es schon seit ein paar Jahren gab und die schon einige Formationen überlebt hatte. Ab 1992 bestand die Gruppe aus Otto, Moni und Josef. Wir waren ein einziger Verhau. Eine wilde Mixtur aus Singen, Spotten, Frechdachsigsein, zwanzig Instrumente traktierend: Dudelsack, Diatonische, Stromgeige, Stromgitarre, Alphorn, Zither, Tuba, Singende Säge, Saxophon. Wir hauten ordentlich auf den Putz: Balladen, Lieder, Songs, Rap, Traschpolka, Zwiefacher, Menuett und Sonatenhauptsatzform. Vogelwild waren wir, volksfrech, unzwider-kritisch, aber auch leise, zart, melancholisch, versponnen. Wir sangen betörend: Brahms, Blues, Jodler, Folksongs, Smetana, Schlager, »Heißer Wüstensand«. Otto zur »Singenden Säge«: »Da drunten im Tale läufts Wasser so trühüb«, Moni, herzerweichend klagend über die letzte Kuh im elterlichen Stall, ich, in einem verfremdeten »Vaterunser« meinen pubertierenden Sohn am Waldrand von Wolfratshausen besingend. Unser Dauerbrennerhit: Ottos »McDonalds-Song«.

Wir waren bodenständig und bodenwiderständig, waren mit und gegen den Strich gebürstet und fast alles, was wir vor dreißig Jahren sangen, hat heute noch Gültigkeit und Schönheit. Und Sexappeal hatten wir auch, das muss man sagen, vom Ausschauen her und von der Musik, und vor allem auf die Moni warteten nach den Konzerten viele Kopfverdrehte. Dass es heute zu spät sei für Pessimismus, diesen schönen Satz des Umweltökonomen Gernot Wagner hätten wir damals noch für übertrieben gehalten. Heute zeigt sich, dass vor allem unsere umweltkritischen Songs von damals völlig untertrieben waren. An dieser Stelle im Nachhinein recht zu bekommen, ist kein Vergnügen.

Die Welt retten, Spaß haben, Geld verdienen. Das war unser Ziel und dieses Ziel einte uns immerhin zehn wunderbare Jahre lang, oder sagen wir acht Jahre, dann setzten leider schon die bandüblichen Zerfallserscheinungen ein. Aber ein beruflich hochglückliches Jahrzehnt, das ist schon was. Zudem war uns allen dreien gemeinsam der Weg in die Freiheit gelungen. Selbstbestimmt das zu machen, was man ist, was man will, was man kann, ein Riesenglück. Klar, auch viel Arbeit und ein Leben auf dem Hochseil ohne Netz bedeutet manchmal nicht geringe Existenzsorgen.

HERZ AUS DEM LEIB

Als die drei Musiksänger Lustiges auspackten und sich die Zuschauer nur zu gerne das Herz aus dem Leibe lachten, da verstand er aufgrund seiner Schwerhörigkeit, und dazu in hinterster Reihe stehend, zunächst kein Wort, doch war die Freudfröhlichkeit der Leute so unmittelbar, dass er, der zwar ein bedeutender, sprachkritischer Schriftsteller war, sich vom Lachen und der Lustigkeit der anderen anstecken ließ und, von sich selbst überrascht, einfach lauthals mitlachte, sogar Tränen lachte. Beim nächsten Lied der Einefrauzweimänner-Kapelle (sie trug den unzweifelhaften Namen »Bairisch Diatonischer Jodel-Wahnsinn«) drängte es ihn nach vorne, um, mit eigenen Ohren hörend, reuefrei mitlachen zu können. Diesmal jedoch bliesen die drei Künstler auf Kuhhörnern ein altes, wie von einem Fresko abblätterndes, wehmutsvolles Madrigal und sangen dazu im Wechsel traurige Strophen über das Sterben eines Bauernhofes. Nun kamen ihm die traurigen Tränen.

So hat es mir Alfred Kolleritsch (Grazer Schriftsteller und »Manuskripte«-Herausgeber) nach seinem Besuch eines unserer Konzerte im österreichischen Stift Göttweig berichtet. Der Bairisch Diatonische Jodel-Wahnsinn waren damals Monika Drasch, Otto Göttler und Josef Brustmann.

Ich wäre auch gerne ein Maler. Heute weiß ich warum. Aber damals mit dreizehn wusste ich nichts. Meine Eltern: einfache, aufrechte Bauersleute, arbeitsfroh, lebensklug und strenggerecht. Aber das, was man gemeinhin »Bildung« nennt, war weit-weit weg. Unsere Hausbibliothek bestand aus einer Bibel, einer Biografie von Franz-Josef Strauß, aus immerhin zwei Zeitungsabos, dem Bayernkurier und der Kirchenzeitung, und drei Operettenschallplatten von Mario Lanza. Über dem elterlichen Ehebett ein zu großes, düsteres »Letztes Abendmahl« des Historienmalers Adolph Schmitz, das Judas den Verräter in einer sich selbst verleugnenden Geste zeigt. Das war mein Bildungsstartkapital ins Leben.

Das monatliche Zurbeichtegehen hätte ihn eigentlich verhindern müssen, diesen meinen ersten und letzten und letztlich unerklärbaren Kunstraub. Das Bild hing ein ganzes Schuljahr direkt vor mir im Schaukasten der 7c im Ickinger Gymnasium. Ein billiger Druck von Kandinskys »Improvisation Nr. 4«, farbenüppige Bilderpracht, in der sich Menschen, Pflanzen, Bäume und Landschaft zu einem völlig neuen, freien Farbformenklang zusammenfanden. Ich war wohl ein einfacher Bauernbub, aber dieses Bild, dieser kleine, müde Abglanz von Kandinskys großer Kunst, raubte mir gleichermaßen die moralische und künstlerische Unschuld. Ich war verloren und gerettet in einem. Nach einer sechsten Stunde schob ich die Glasscheibe des Schaukastens zur Seite und stahl das Bild. Ich hielt es lange streng geheim verwahrt und verzehrte es zu Hause mit meinen Blicken immer wieder in aller Gänze. Ich begegnete der Malerei, sie riss mich für immer mit sich fort. Es ist mir unerklärlich. Vielleicht, weil ich ein gänzlich unbeschriebenes Blatt war, das sich nach Zeichen sehnte.

Die nächste Seelenerschütterung ausgelöst hatte eine abstrakte Arbeit unseres Kunsterziehers Horst Demand (Vater des heute weltberühmten Fotokünstlers Thomas Demand). Noch heute weiß ich, wie und an genau welcher Stelle er das gelb flammende Bild ins Licht gehalten hat in der Aula des Gymnasiums.

Mein nächster Kunsterzieher war eigentlich Griechisch- und Lateinlehrer. Er war nur eine Aushilfe, aber für uns Schüler ein absoluter Glücksfall. Er wirkte faul und unvorbereitet. Wort- und grußlos betrat er den schon verdunkelten Raum und löschte das Licht. Dann schaltete er den Diaprojektor ein, der anfangs immer etwas brenzlig roch, aber ein schönes, beruhigendes Summen von sich gab. Ein friedliches, nahezu einschläferndes Dunkelblau legte sich über mich. Ein Lehrer, der nichts einforderte, eigentlich nichts von einem wollte, und eine Schulklasse, die sich von Schule erholte und völlig diszipliniert vor sich hin duselte. Und nun tauchten aus diesem Schlafnebel die schönsten Bilder vor einem auf. Die ersten meist etwas verschwommen und unscharf, was schnell und leicht an der Linse zu korrigieren war. Aber dann die umwerfendsten Fata Morganen, von der Dia-Leinwand ins Dunkel gehalten: Bruegel der Jüngere, Bruegel der Ältere, van Gogh, da Vinci, Picasso, Cézanne, Modigliani, Giacometti, Klee, Beuys, Warhol. Manche Bilder nur von Schweigen begleitet, bei anderen: »Was seht ihr, was fällt euch auf, was wollt ihr dazu wissen?« Unser »Ersatzlehrer« malte selbst, wusste viel, ohne es freiwillig preiszugeben. Er hielt sich zurück und fast schienen unsere Anmerkungen und Beobachtungen gleichwertig neben den seinigen zu stehen.

Zwei Jahre lang genoss ich diese sanfte, tiefenentspannte, »summerhillige« Unterrichtung, die mehr Hypnose war als Kunsterziehung, gewaltfrei und öffnend. All die Bilder und Plastiken haben mich tief berührt, haben mich aufgeregt, angeregt, verschönert und getröstet. Mehr kann Schule einem nicht bieten und ein Leben ohne Malerei und Kunst erschiene mir heute als eindimensional, blass und fad. Ich hatte echt Glück.

Der Cellounterricht am Ickinger Gymnasium beim wunderbaren Rainer Graßmäder war kostenlos, also lernte und studierte ich später Cello. Meine Examensarbeit sollte dann sein: »Kandinsky – Schönberg, der Briefwechsel«. Natürlich habe ich es probiert, das Malen, aber das zu sehr Wollen und Sollenmüssen erstickte alles Können. Wie schade. Dann dachte ich mir: Ich wäre gern ein Dichter. Etwas arg kitschig, aber doch sehr froh und gut gelaunt fuhr ich nach Venedig und kam mit immerhin zwanzig brauchbaren Gedichten zurück.

bei meinem sehnsuchtsvollen wunsch
ein berühmter dichter zu werden
schoss ich weit über das ziel hinaus
und war am ende wieder nur ich

HUT

Herbert Achternbusch war für mich wichtig. In einer strengen, frommen Gehorsamkeitswelt aufgewachsen, sehnte ich mich nach Freiheit, Verrücktheit, Melancholie, starken Bildern und mutigem Widerspruch. All das fand ich in seiner Kunst. Der Zufall verhalf mir zu einer kleinen Rolle in seinem Film »Wohin«.

An einem Biertisch saß ich im Wirtsgarten des Bierbichler-Gasthauses in Ambach am Starnberger See, nur mit einer Badehose bekleidet. Annamirl Bierbichler, Wirtstochter, Schauspielerin und damalige Geliebte Achternbuschs, spielte die Kellnerin. Sie servierte mir einen Bienenstich. Ich biss hinein und erstickte, da der Bienenstich »in Wirklichkeit« der Stich einer Biene war, der ja, wenn er einen im Halse trifft, meist tödlich ist. Ich erstickte und fiel von der Bierbank. Meine Statistenrolle hatte keinen Text. Auch anderen Biertrinkern widerfuhr selbiges Schicksal. Überall im Wirtsgarten erstickten nun die Gäste. Annamirl und zwei Kellner sammelten die Leichen auf und schichteten sie kreuz und quer übereinander.

Gott sei Dank kam ich in der Mitte dieses Menschenmikados zu liegen und fror, von den anderen Leichen gewärmt, nicht so wie die über oder unter mir. Es war später September, alle trugen wir nur Badehosen. Während wir auf einem Haufen, die meisten zitternd, übereinanderlagen, trat der Schauspieler Kurt Raab aus der Tür des Gasthauses. Er war von seiner Aids-Krankheit bereits schwer gezeichnet. Sein einziger Satz: »Grüß Gott, ich habe Aids.« Einen solchen Satz, eine solche Szene vergisst man nie mehr wieder und noch selten verschmolzen Theater und echtes Leben für mich zu einer so wild sich aufbäumenden Pferdegewalt, die alles mit sich hinwegriss. Mir war kalt, ich fror trotz meiner günstigen Binnenlage. Zum Aufwärmen gingen wir ins Wirtshaus. Im Wirtsgarten probte Herbert Achternbusch die nächste Szene. Mit verspieltem Ernst warf er wieder und wieder einen schwarzen Hut in die hohen Kastanienbäume. Der überschlug sich mehrmals in der Luft und landete, wenn alles gut ging, auf seinem Kopf. Wir wärmten uns im Wirtshaus, aßen, tranken und erzählten einander, verloren dabei aber nie den Wirtsgarten aus dem Blick. Beständig, mit großer Geduld und großem Geschick übte da einer einsam für sich, bis er das Kunststück sicher beherrschte, ich musste dabei an Charlie Chaplin denken. Dann Klappe die erste, es klappte auf Anhieb.

Dass er mir das erst so spät erzählt hat, mein Bruder, er, das dritte Kind unserer Eltern, 1942 noch in der Tschechei geboren.

Durch Krieg und Kriegsgefangenschaft lernte er den Vater erst mit sechs Jahren kennen. Als dieser aus der Gefangenschaft zurückkehrte und dann in Ein- und Zwei-Jahres-Abständen noch fünf weitere Kinder zur Welt kamen, wurde es eng im ersten Stock des winzigen Austragshäusels. Erna, die älteste Tochter, »steckte« man ins Kloster, Alois in ein Priesterseminar. Gefragt wurden die beiden nicht, sie wussten nicht, wie ihnen geschah. Beide durften nur in den Ferien heim, obwohl Kloster und Priesterseminar nur wenige Kilometer entfernt lagen vom Elternhaus.

Alois fühlte sich abgeschoben, auch weil der um ein Jahr jüngere Bruder zu Hause bleiben durfte im warmen Nest, er, der eigentlich zunächst ins Internat gehen sollte, sich dagegen aber so verzweifelt-energisch gewehrt hatte, dass es letztlich Alois erwischte. Der wehrte sich nicht, warum? Eigentlich Herberts wegen war der Herr Pfarrer mit seiner »DKW« zu unserem Austragshäusl hergebraust, auf dem braun-ledernen Rücksitz einen Priester des Priesterseminars in Liefering, einen Menschen- und Seelenfänger. Er köderte Herbert zunächst mit Tischtennisplatte und Trompetenunterricht. Dieser wollte nicht, wollte nicht weg von der lieben Mutter, vom gerade wieder heimgekehrten Vater, von den Geschwistern, vom kleinen, trauten Zuhäusl, von aller Tierherrlichkeit des verträumten Einsiedlerhofes. Er wollte nicht, ums Verrecken nicht, er durfte bleiben, Alois musste gehen.

Trotz großen Heimwehs lebte sich Alois rasch ein in sein neues Leben. Das Seminar bot neben der Schulausbildung viele Freizeitmöglichkeiten: Theaterspielen, Sport, Musik, Kunst. Letzteres »lag ihm«. Der Kunsterzieher mochte ihn, förderte ihn und an den schulfreien Tagen durfte Alois alleine den großen, stillen Werk- und Zeichenraum stundenlang für sich und seine Bilderträume nutzen. Es gelangen ihm viele schöne Zeichnungen, er sammelte die besten in einer großen Mappe.

Mit sechzehn Jahren endete die Zeit im Priesterseminar, der schulische Weg schien nicht weiter gangbar. Was machen mit sechzehn? Alois kehrte ins Elternhaus zurück. Der Vater murrte, wieder Platzmangel, wieder ein Esser mehr am Tisch und die Hoffnung, der Kirche einen neuen Priester zu schenken, zerschlagen. Großes Ansehen hätte das gebracht in der Dorfgemeinde und dem Himmel wäre man ein gutes Stück nähergerückt, ein Sitzplatz im Paradies schien sicher. Kost, Logis, Ausbildung und Erziehung im Priesterseminar waren zudem kostenlos, die Gegenleistung wäre Alois gewesen, seine »lebenslängliche« Unschuld und Keuschheit für den Dienst Gottes, ein Menschenopfer. Gott bitte für uns, Jesus bitte für uns, Maria bitte für uns, alle Heiligen bittet für uns, jetzt und in der Stunde unseres Todes – Amen.

Die Kirche und das Priesterseminar hatten das Ihrige geleistet, nun blieb die Gegenleistung aus, man blieb der Kirche etwas schuldig, blieb in der Schuld, lebenslang. Die Eltern, der Vater vor allem, sprachen dem Sohn gegenüber von Verrat. Als Wiedergutmachung könnte man es sehen, dass Alois später als Bewährungshelfer der kirchlichen Caritas bis zum Rentenalter treu guten Dienst erwies, ja, so könnte man es sehen, sieht er es selbst auch so, ich glaube nicht, ich glaube schon.

Ein schöner Pfarrer wäre er geworden, der Alois, ein auffallend schönes Kind mit einer besonders schönen Stimme, am Altar eine Zierde Gottes bestimmt. Aber auch ein hervorragender Künstler hätte er werden können. Ich schreibe »hätte«. Mit sechzehn Jahren ins Elternhaus zurückgekehrt, ins neue Zuhause nach Waldram, stellte sich gleich die dringende Frage nach seiner beruflichen Zukunft. Der Vater fand ihm eine Anstellung in der Ortskrankenkasse, trostlos, langweilig. Hinter dem Rücken des Vaters fuhr Alois auf eigene Faust nach München, unterm Arm seine große Zeichenmappe. Er hätte gerne einen Künstler aus sich gemacht. Wo aber wird man Künstler? Weiß das ein sechzehnjähriger Pfarrerzögling, vom tieftiefen Hinterland kommend? Er wusste es nicht. In München strandete er mit seiner Zeichenmappe hilf- und ahnungslos beim Arbeitsamt: Aha, zeichnen können Sie. Tja, schwierig, was machen wir mit einem jungen Zeichner? Es gäbe den Ausbildungsweg zum Technischen Zeichner, ob ihn das interessiere? Nein, so was eigentlich nicht, schon eher so was Künstlerisches. Aha. Er solle die Mappe ruhig mal dalassen, man würde schauen, man würde sich bei Gelegenheit melden. Ohne seine Zeichnungen fuhr Alois zurück nach Waldram. Er habe lange noch im Stillen gehofft auf Post, Telefon hatten wir ja noch keines. Es kam nie etwas. Und die Mappe mit den Zeichnungen? Verschwunden auf Nimmerwiedersehen. Nimmerwiedersehen, wie man das so leicht dahinsagt und wie es einem ins Herz sticht bei näherem Nachhören. Seine Zeichnungen waren davongeschwommen und die Hoffnung auf »etwas Künstlerisches« auch, für immer, für immernimmer.

Unser Vater zeichnete gerne Pferde, wenn er selbstvergessen mit der Zeitung saß, er liebte Pferde. Auch Alois zeichnete gerne Pferde. Viele Jahre später schenkte er eine Pferdezeichnung weg, ich sah sie bei einer guten Freundin an der Wand hängen, in einem teuren Rahmen, mit einem guten Passepartout, eine faszinierende Bleistiftzeichnung. Ein Pferd in vollem Lauf, mit vollster Kraft zurückscheuend, sich zurückwerfend, zurückgerissen, wovon?

»Alois, bitte mal mir ein Pferd zum Geburtstag«, bat ich oft schon meinen großen Bruder. Er sagt dann immer Ja, aber er malt mir keines. Wenn er Ja sagt, weiß ich schon, dass er Nein meint, wie er so schaut. Wie schaut er denn?

Er lächelt immer dabei, ein leises, geheimnisvolles Lächeln ist das, das nichts anderes vorhat, als etwas zu verdecken, etwas nicht zu sagen, nicht preiszugeben. Es ist ein Ja mit einem unhörbarem, aber unüberhörbaren Nein. Erst neulich hat er mir die Geschichte von seiner Zeichenmappe erzählt, jetzt erst verstehe ich ihn. Ich werde ihn nicht mehr bitten um ein Pferd, ich werde ihn »in Ruhe« lassen.

Die berühmte Künstler-Sommerakademie von Gretel und Erwin Eisch im niederbayerischen Frauenau besuchte ich mehrere Male zusammen mit meinem Bruder. Wir probierten uns als Hobbykünstler aus. Einmal zerlegte ich eine alte Taschenuhr, mal schauen, was passiert. Alois baute sie wieder zusammen. Die Uhr »ging« nicht mehr, aber sie »funktionierte«. Der kleine Bruder hatte eine Frage gestellt, der große Bruder hatte die Antwort darauf gegeben.

Objekt »Ur« von Alois und Josef Brustmann

SCHEIDUNG

Dass sich meine Großmutter mütterlicherseits, Maria Huber, 1947 hat scheiden lassen, war eine Unglaublichkeit damals, aber es ging einfach nicht mehr. In Klagenfurt durfte sie als junges Mädchen eine Köchinnenschule besuchen. Vor allem die österreichischen Mehlspeisen und die Sachertorte hatten es ihr angetan, die gingen ihr auch besonders gut von der Hand. Ausgelernt hatte sie nach drei heftig anstrengenden Jahren, dann kochte und buk sie für eine Wiener Gräfin, die sie auch später immer nur »die Gnädige« nannte. Überlebt haben ihre Koch- und Konditorkünste in einem dicken Buch, das alle ihre Rezeptschätze mitsamt ihrer schönen Handschrift aufbewahrt hat.

Meine Großeltern Josef und Maria Huber (geb. Denk) mit ihrer Tochter Valerie Huber, meiner Mutter

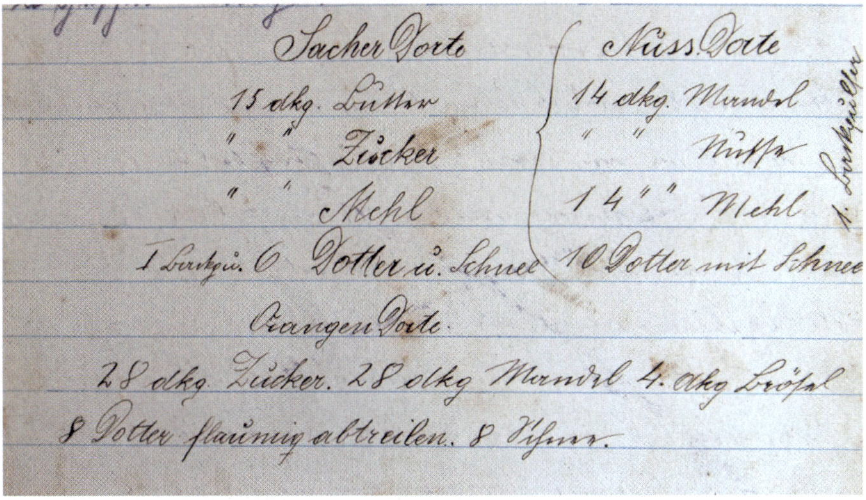
Sacher Torte
15 dkg. Butter
" " Zucker
" " Mehl
1 Backpulver 6 Dotter u. Schnee

Nuss Torte
14 dkg. Mandel
" " Nüsse
14 " " Mehl
10 Dotter mit Schnee
1. Backpulver

Orangen Torte
28 dkg. Zucker. 28 dkg Mandel 4. dkg Brösel
8 Dotter flaumig abtreiben. 8 Schnee.

Handgeschriebenes Sacher-Rezept meiner Großmutter

Ihren Mann Josef Huber heiratete sie später in Südmähren, das lag damals weit weg von Wien und ist heute aber mit neunzig Autominuten nur einen Katzensprung entfernt. Vier Kinder hat sie dort als Bäuerin und Hauswirtschafterin zur Welt gebracht, drei fesche Töchter und einen nicht weniger feschen Sohn.

Alle Töchter waren geschickt und flinktüchtig, waren der Mutter Hilfe und Trost. Den konnte sie gut gebrauchen, da ihr Mann, als Waisenkind aufgewachsen, sich nur mit »Feuerwasser« über Wasser halten konnte. Er, ein schöner, hochbegabter Sänger, Musiker und Trinker, war nur schwer zur Arbeit zu überreden und versetzte alles, was nicht festgenagelt war an Haus und Hof. Der Hof warf demzufolge nicht viel ab und das wenige, das davon übrigblieb, sparte man in die große Hoffnung der Familie hinein, den Sohn Walter, der in Prag Medizin studierte und es »zu etwas bringen« versprach. Eltern und Schwestern waren so stolz auf ihn. Er ging in den Zweiten Weltkrieg und kam nie wieder zurück.

Mag der Tod seines einzigen Sohnes den Josef Huber noch mehr hineingetaucht haben ins Elend, als es sein Waisenkindschicksal getan, seine Trunksucht traf die Familie hart und als die großen Schlachten geschlagen und Krieg und Heimat verloren waren, ging Maria Huber ihren eigenen Weg. Der führte sie wieder nach Österreich in die Nähe ihrer Töchter und Enkelkinder, die ihr dort zur Seite standen und ein bescheidenes, friedliches Leben sicherten. Ihren Mann, Josef Huber, sah sie nach dem Krieg noch einige Male. Auch stand sie in St. Johann an seinem Armengrab, die Trennung war jetzt wirklich für immer.

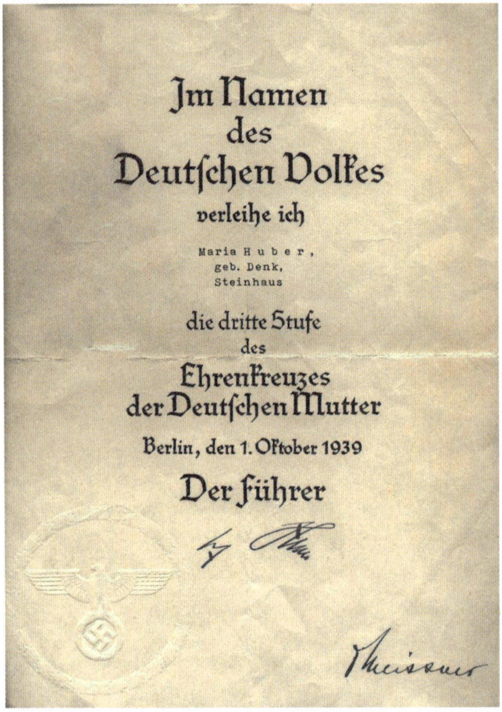

Im Namen
des
Deutschen Volkes
verleihe ich

Maria Huber,
geb. Denk,
Steinhaus

die dritte Stufe
des
Ehrenkreuzes
der Deutschen Mutter

Berlin, den 1. Oktober 1939

Der Führer

Hitlers Mutterkreuz für Maria Huber

Ganz los gekommen von ihrem Mann ist Maria Huber auch später nicht. Von ihren Töchtern erbat sie sich manchmal eine Zigarette, die sie anzündete und dann, einem Räucherstäbchen gleich, auf ihrer Herdplatte verglimmen ließ. »Weil's so schön manndelt (nach Mann riecht)«, erklärte sie ihr spezielles Ritual, ein »Rauchopfer« für ihren immer und gerne rauchenden Nimmermehrmann.

Als meiner ersten Frau, der Mutter meiner drei Kinder, unsere Ehe nicht mehr gefiel, schienen die Probleme zunächst lösbar. Aber plötzlich war sie weg. Für immer. So hart das war, es war auch meine Rettung. Mit einundzwanzig Vater zu werden, ist früh und ich war mit zwanzig noch ein Fastkind. Ich hatte mich nicht, gehörte mir nicht, war für alle und alles zu haben. Erst nach der Katastrophe, das Wort ist nicht zu groß, wachte ich auf, kam zu mir und fand mich vor.

Unsere Kinder mit vier, acht und zehn Jahren waren damals zeitweise »Alleinerziehende«. Wir Eltern waren zu sehr mit uns selbst beschäftigt, rotierten, bekämpften uns, waren nur schwach da. Die Kinder zahlten die Zeche. Wie auf einem steuerlosen Floß schleuderten sie durch wilde Sturzflut in dunkelster

Meine Mutter vorne links zwischen ihren Schwestern

Nacht. Nirgends Halt, nirgends Rettung, nirgendwo ein »Ruhhaus«. Vielleicht hätte ich mehr gekämpft um meine Ehe damals, wenn ich geahnt hätte, welche Angst, welche Not, welcher Schrecken auf die Kinder herniederbrach, da ihnen in einem kurzen, fast unwirklichen Augenblick die Kindheit zerschlagen wurde. So schnell, viel zu schnell mussten sie erwachsen werden. Sie sind erwachsen geworden und auch gewachsen am Unglück. Für das Leben gibt es keine Generalprobe.

Der Hass ist der Vater der Liebe
Die Liebe ist die Mutter der Lust
Die Lust ist die Schwester des Leids
Das Leid ist der Bruder des Lebens

Mit meiner zweiten Frau bin ich seit einunddreißig Jahren zusammen. Eine erste Ehe hatten wir beide schon zersägt, neues Spiel, neues Glück. Wir waren mutig und beschlossen, uns mit unseren fünf Kindern aus erster Ehe zusammenzutun. Patchwork. Meine Frau brachte ihre Tochter und ihren Sohn mit ins neu gemietete Haus nach München, ich zunächst meinen Sohn, später dann auch meine jüngste Tochter. Zu Beginn taten wir wie eine normale Familie, hatten eine schöne, lebendige Zeit, dann aber wurde daraus »Patchwork«, wurde es so, wie das Wort ohnehin klingt. Hart und kantig war das und ständig schlug irgendwer mit der flachen Hand aufs Wasser, patsch, es spritzte und wieder und wieder wurden alle dabei nass. Patsch-work.

Wir haben als Paar überlebt, zwar nur sehr knapp und alle Beteiligten lecken immer noch ihre Wunden. Eigentlich waren wir mutig. Wenn wir jedoch gewusst hätten, wie kompliziert alles werden würde, hätte unsere Liebe andere Lebensformen gefunden. Meine Frau und ich, wir kennen uns aus mit Familienchaos, wir sind Meister, letztlich haben wir es gemeistert.

Die »eine Hälfte« meiner Frau ist »italienisch«. Ihre Großmutter stammt aus dem sardischen Sassari, ihr Großvater aus dem Piemont. In der Toskana, auf dem Landsitz guter Freunde, schrieb ich nachfolgendes Geburtstagsgedicht für sie:

Podere Santa Maria

Vom Mond tropft honiggelbes Licht
ins Hügelland uralter Nächte
und die Zikade flüstert ein Gedicht
als ob sie ein Geburtstagsständchen brächte
und wie verzaubert leuchtet dein Gesicht
der große Wagen fährt mit Aufblendlicht

Von Montalcino rüber flimmern Straßenlichtersterne
und Nebelschleier wärmen sich an ihrer Wärme
und meine Liebste streichelt Jogel den Hund
vom Tal her trägt ein warmer Wind
die Fledermäuse, die ihr eigner Schatten sind
du schiebst mir eine Traube in den Mund
und sagst: da nimm, und Obst sei sehr gesund
und die Traube schmeckt nach bisschen Hund

Die Pinien, in ihren Nadeln
kämmt sich der Wind und kaum
hört man die leise Glocke wohl von Schafen
Olivenbäume steh'n am Zaun
und sprechen leise wie im Traum
zu den Zypressen, die im Stehen schlafen
du liegst im Bett und atmest kaum
und sagst: man könnte nie genügend Väter haben
und sagst: familiärer Hagelschaden
und deine Seele klingt ganz wund
ich nehm' dich in den Arm
und deine Haare in den Mund

Vom Mond tropft honiggelbes Licht
ins Hügelland uralter Nächte
der Nebel geht ums Haus und Weberknechte
Sternschnuppen fallen wunschlosglücklich sacht
du träumst vom Lotto in der Nacht
und dass Hermann aufwärtsschwimmt
Susanne tröstet noch ihr Kind
du bist dem Glück ganz nah
ich neben dir
in Podere Santa Maria

EGARTSTEIG

Wir haben die riesige Thujenhecke unseres Vorbesitzers gemeuchelt. Thujen sind langweilig, richtig giftig und für Vögel, Würmer und Insekten unzuträglich. Eine Thujenhecke ist eine biologische Wüste. In Gartenzeitschriften wird sie als perfekter Sichtschutz angepriesen und das ist schon wahr: Du siehst nichts und niemanden mehr, ein Sichtschutz vor den Mitmenschen, ein Sichtschutz vor der Welt. Wir haben die Thujenhecke zur Strecke gebracht, jetzt sehen wir wieder was!

Wir wohnen am Egartsteig. Die Straße ist so steil, dass der Fußgängerweg daneben als Treppe nach oben führt. Die Stufen sind nicht sehr hoch, aber sehr tief und unangenehm zu beschreiten. Manche versuchen, die Treppen jeweils mit einem übergroßen Schritt zu nehmen. Manche nehmen sie mit zwei kurzen Schritten. Treppen fordern einen rhythmischen Gang ein, alle versuchen, in einen Rhythmus zu kommen. Selbst wenn einer stolpert, fängt er sich bald und nimmt den vorherigen Rhythmus wieder auf. Manche entscheiden sich auch für einen Rhythmuswechsel, es mag ihnen die Luft ausgegangen sein, mag sein auch, dass sie der Rhythmuswechsel belebt. Manche, ich denke es sind die eher Unmusikalischen, drängen der Treppe ihre eigene bequeme Schrittlänge auf, die auf das Maß der Treppenstufen keine Rücksicht nimmt, sodass die Schritte an den Stufenübergängen immer wieder verlängert oder verkürzt werden müssen und eine ungewollt unrhythmische Gangart zur Folge haben, unschön anzuschauen meist. Einer mit Aktenmappe sprang die Treppe in Triolenschritten hinab. Die S-Bahn fährt meist pünktlich und er war wohl spät dran. Einen sah ich, der legte sich die Treppe mit jeweils einem mittellangen und zwei kurzen Trippelschritten zurecht. Walzertreppe!

Aus der Reihe tanzen auch die Hundebesitzer, da Hunde mit vier Beinen ihren Frauchen/Herrchen andere Gangmuster abverlangen. Auch Hunde zählen zu den eher unmusikalischen Menschen. (Und wenn sie vor unserer Gartentür auf drei Beinen stehen bleiben, schauen ihre Besitzer gerne weg und ich auch, ich schäme mich für beide.)

Ein Mädchen sah ich neulich, treppab, mit zierlich schnellen Schritten, virtuose Fünfachtel-Triolen, eine wunderschöne, reizende Raumzeitsynthese. Oder der kleine Junge, der bergab seinen immer schneller werdenden Füßchen nicht mehr hinterherkam, gerade noch am Sturz vorbei, dennoch in Tränen. Ein kleines, afrikanisches, dunkelhäutiges Mädchen sah ich auf der Treppe neben seiner Mutter gehen. Unentwegt zu ihr hoch erzählend und hochschauend, waren seine Augen so nach oben gerichtet, dass man immer nur das Weiße sah von den schwarzen Augen, weiße Augen im schwarzen Gesicht.

Ein anderes Mädchen neulich, vielleicht sieben Jahre alt, zupfte, nein, rupfte behänd die schönsten Löwenzahnblätter vom Wegsaum, vermutlich für ihren Hasen. Ein kleines, stillzufriedenes Lächeln las ich in ihrem Gesicht, das galt wohl schon für später, fürs Füttern. Heute, vier Freunde, entspannt vorbeiflanierend, jeder seinen Corona-Mundschutz in der Rechten spielerisch schwingend.

Oftmals, immer exakt um 6.30 Uhr, ein Radfahrer, den Berg hinunter. Die Bremsen seines Fahrrades ächzen und quietschen wie in einem alten Jacques-Tati-Film und sie quietschen immer unveränderlich gleich. Auch wenn wir seinetwegen kurz aus dem Schlaf auffahren, lieben wir ihn. Wir wissen nicht, wie er aussieht, aber von seinem Rad haben wir eine klare Vorstellung, und auch von der Uhrzeit natürlich. Wir legen uns wieder zurück in die bergenden Kissen und träumen weiter von falterhellen Mandelblüten. Bisweilen in früher Morgenstunde ein Verreisender mit seinem Rollkoffer, ein zunächst immer lauter, dann immer leiser werdendes Rollengemurmel, das sich gutmütig in unsere Träume fügt und uns zart die Nacht vom Morgen trennt.

Vom Fenster aus sehe ich Heinke mit ihrem schönen Strohhut. Sie hat hier den wildschönsten Garten. Sie ist mit einem zu Herzen gehenden Blumenstrauß unterwegs, eingeladen zum Tee, zum Kaffee wohl.

Gestern drei kleine Kinder mit großen Malkreiden. Als sie zum Nachtmahl ins Haus müssen, staune ich nicht schlecht: Der Kerl, der sich da mitten auf die Straße hinflegelt, er sieht mir sehr ähnlich, die werden doch nicht …!

Gerade steckt Gerd Jakobi seinen »Ickinger Schaukasten« in unseren Briefschlitz, sein SPD-Ortsblatt. Lange tat er sich schwer hier, weil er ein prächtiger »Gott-sei-mit-uns« war: Evangelisch, Preusse und SPD-ler, eine roude (rote) Sau also, wie man ihn anfangs nicht nur einmal betitelte.

Die Treppe führt unter anderem hoch zum Gymnasium. Gegen 7.30 Uhr halten die S-Bahnen, von München und Wolfratshausen kommend. Ein Strom von Schülern kämpft sich die Treppe hoch. Die Schnelleren oder Eiligeren überholen gerne auf der steilen, danebenliegenden Straße. Insgesamt aber bilden die Schüler eine tägliche Prozession, die seit Jahren Tag für Tag mit unverwechselbarem Sound an unserem Haus vorüberzieht. Morgens tönt sie anders als mittags, da das steile Bergaufgehen mehr Atemluft einfordert und man sich zusätzlich das Neue vom alten Tage erzählen muss. Der Heimweg bergab aber ist eher Getrabe, Getrappel. Man hört noch: »Wie war Mathe?« – »Scheiße!«

Das Gymnasium gibt es schon seit hundert Jahren und seit hundert Jahren ist diese Prozessionsmusik, dieses an Gänsegeschnatter erinnernde Mitteilungsrauschen, dieses Sätzebrausen, vermutlich unverwechselbar gleich. Morgens werden meine Frau und ich davon geweckt, es ist ein springlebendiges, quellfrisches Weckgeräusch. In den Schulferien dagegen weckt uns eine merkwürdige, ungewohnte Stille, eine etwas enttäuschende Leerstelle, eine unüberhörbare Generalpause. Wenn gegen 8 oder gegen 13 Uhr unsere Hausglocke klingelt, reagieren wir nicht. Die Scherzkekse unter den Schülern sterben nicht aus, wachsen immer wieder nach, auch die tollkühnen Schüler, die eine Extraschicht Mutprobe einlegen und den Mädchen imponieren wollen. Es läuten immer nur die Jungs. Einen habe ich mal erwischt. Ich habe ihn angeschnauzt. Er hat nur gelacht. Zupacken, zuschlagen hätte ich gerne mögen. Er sah es mir an und wusste, dass ich es nicht durfte, nicht wagte und nicht »draufhatte«. Er lachte nur freundlich und fragte mich listig, ob ich so was nie gemacht hätte als Kind, und ich verzog mich. Vor fünfundfünfzig Jahren war ich auf genau diesem Egartsteig als Gymnasiast und Wolfratshauser Fahrschüler jeden Morgen unterwegs. Schon damals war dieses schöne, kostenlose Ritual »Klingelputzen« fester Bestandteil unseres Prostestinventars gegen die Scheißerwachsenenspießer gewesen. Jetzt war ich selbst endgültig einer von ihnen.

ARM

Meine Eltern waren nach ihrer Vertreibung bettelarm, die hatten nichts, gar nichts, gar nichts mehr. Aber sie hatten eine Moral, an der sie sich festhielten, hatten einen Glauben, der sie festhielt, sie hatten einen Stolz und einen Humor, und sie sangen gerne. Und das ist schon was. Armsein kann viel wert sein, ohnehin, wenn man es freiwillig ist. Die Glaubensgründer waren alle arm, auch die Heiligen meist, die Philosophen. Die allermeisten Künstler sind arme reiche Schlucker. Jesus war arm, Buddha, Sokrates und auch Diogenes, dieser Grieche in seinem Fass, arm waren sie und doch halbwegs glücklich. Aber das »glückliche Armsein« ist gänzlich aus der Mode gekommen.

Früher, da gab es sie noch, diese Arbeiterschaft, diese zähen, sturen Arbeiterinnen und Arbeiter, die sich ihrer Armut nicht schämten, den Kopf hochhielten, ihre Arbeiterlieder sangen, Brüder zur Sonne und Freiheit. Sie hielten zusammen und im Zusammenschluss waren sie schlagkräftig und »Glückauf«. Man war arm, aber man war wer. Man war arm, aber doch auch immer aufrecht kämpfend ums Recht, um Gerechtigkeit. Verschwunden ist sie ganz, diese reiche, stolze Armut. Die Arbeiter und ihre Gewerkschaften zersplittert, untergepflügt in eine einzig noch zählende Geldwelt. Die, die arm sind heute, sie sind nichts mehr wert, fühlen sich wertlos. Nur noch Scham ist übrig und kein Aufbegehren. Und denen, die richtig arm sind, gibt man Almosen, die nach einem Politiker benannt sind. Hartz zum Ersten, Hartz zum Zweiten, Hartz zum Dritten und Hartz zum … Vierten! Wie geschmacklos das ist und demütigend und keiner stößt sich daran, nicht einmal die Hartz-4ler.

Meine Eltern waren arm, meine Kindheit war armselig, aber auch selig irgendwie, selig, wie die vom armen Christuskind im Stroh. Gold, Weihrauch und Myrrhe legte man ihm zu Füßen, diesem armen Kind in seinen Windeln. Die Könige wussten schon warum.

Vielleicht hängen wir so an Weihnachten, weil es so etwas Einfaches ist, so etwas Wahrhaftiges, so etwas schönes Armes, wo es einem ganz warm wird innen, nur weil eine Kerze brennt, ein Strohstern leuchtet, ein Zweig nach Wald riecht oder man ein kleines Lied singt. Vielleicht ist es das, was uns so daran hängen lässt, so unbeirrbar, und nicht dieser ganze Glitzerkitsch und Glühweinpanschpunsch, diese fetten Nikoläuse, die hässliche, trostlose Häuserwände hochklettern, und all die Hochstaplergeschenke. Dass wir so an Weihnachten hängen. Wahrscheinlich haben wir recht.

Der italienische Schriftsteller und Filmkünstler Pier Pasolini hat einst in seinen »Freibeuterschriften« den römischen Bäckerjungen, »Cascherino« wurde

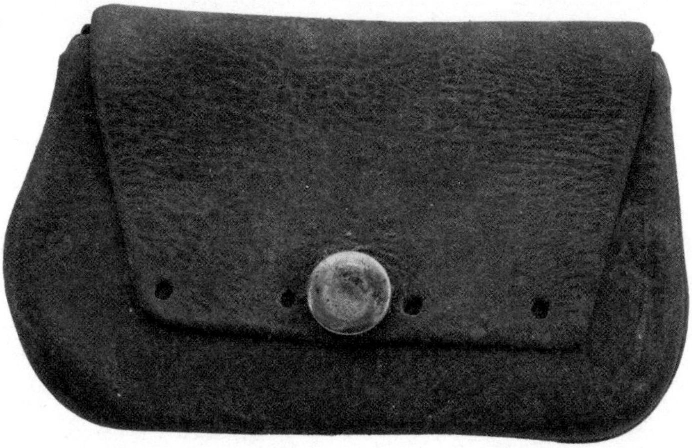

Geldbeutel meines Vaters Alois Brustmann, in jugoslawischer Kriegsgefangenschaft von ihm selbst genäht. Er hielt bis an sein Lebensende. Zurzeit gehört er mir.

er genannt, als ewig fröhlichen, pfeifenden, in seiner Armut unbeschwerten Archetypen beschrieben. Pfeifend hätte er seine Runden gedreht und seine vorlauten, witzigen Sprüche losgelassen. Mit zerschlissener Kleidung und anarchistischem Lachen sei er in die Häuser der Reichen gekommen, durchaus mit Respekt vor dieser anderen Welt, aber ohne Neid, und vor allem: immer frech und frohgemut.

Unsere Familie war nach dem Krieg bettelarm, aber gelacht haben wir in dieser Zeit nicht weniger, eher mehr. Man hatte die Zeit dazu.

Die Natur war bei meinen Eltern noch in Ordnung. Man könnte auch sagen: Sie hatte noch eine Ordnung. Es gab da eine große, selbstverständliche, unausgesprochene Verbindung zwischen Mensch und Natur. Man war eins. Alleine schon dieses Fiebern meiner Mutter nach Regen, wenn es lange zu trocken gewesen war im Sommer. Wie wenn ihr ureigenster Körper dürsten oder gar verdursten würde, so dringlich ging ihr sorgenvoller Blick durchs Küchenfenster zum Himmel hoch, fast bettelnd oder zumindest schwer hoffend auf Regengewölk und Regen für die welkende Natur. Sicher trug sie immer wieder viele Kannen voll aufgefangenem Regenwasser ameisenfleißig in ihre Beete, aber das waren Tropfen auf heiße Steine in Zeiten, da der Regen wochenlang ausblieb. In ihrer alten Heimat noch hatte es immer diese Bittgänge gegeben über die Fluren, welche die Bauern zusammen mit dem Hochwürden rosenkranzbetend abhielten, um den Herrgott milde zu stimmen, um ihn sich geneigt zu machen. Und mit welcher Innigkeit man in den Maiandachten die allerschönsten Lieder in den Himmel hochschickte. Das Wetter, es schien beeinflussbar, vom lieben Gott, dem Wettermacher, gemacht. Auch er schien beeinflussbar, so, wenn uns Kindern schlechtes Wetter prophezeit wurde, wenn wir nicht aufaßen am Abendtisch oder das mutwillige Abbrechen von Wetterkerzen prompten Blitzschlag zur Folge hätte. Bei schweren Gewittern stellte unsere Mutter eine Kerze ins Fenster, um den Blitzschlag vom Haus wegzuhalten.

»Oh heiliger Sankt Florian, verschone unser Haus, zünd andre an«, beteten die Bauern, die alte Litanei vom Heiligen Florian (dem Schutzheiligen gegen alle Feuersbrünste) schlau umbiegend. Wenn es brannte, rannten dann doch alle und schleppten aufopfernd die Wasserkübel für den Nachbarn. Glaube und Aberglaube rankten sich wie ein fein verästeltes Schützwerk um alles Natürliche und Kreatürliche. Die Natur war ein starker Gegenspieler, die Natur war stückweise Gott selbst, und wenn ein Gewitter, ein Blitzschlag nur milden Schaden anrichtete, stifteten die Bauern kunstvolle Kerzen, Votivtaferl, Marterl oder sogar kleine Wegekapellen.

Es gab noch eine Ordnung bei meinen Eltern: Hier stand der Mensch, dort die Natur, und Mensch und Natur gehörten zu Gott, und wenn meine Mutter einen ihrer selbst gebackenen Brotlaibe anschnitt, vergaß sie dabei nie, vorher mit der Messerspitze drei kleine Kreuzlein in die Mehlhaut dieser Weizenfrucht Gottes zu zeichnen.

Brot wegzuwerfen, fällt mir auch heute noch sehr schwer, und als Kinder schabten wir den grünblauen Schimmel bedenkenlos und ohne jeglichen Graus vom Brot, hoben das weiße Schimmelhäutchen von der Himbeermarmelade, schnitten den faulen Apfel, die faule Birne aus, nur nix wegschmeißen, nur nix

Vater, Mutter und Großmutter in Kutsche

verkommen lassen. »Tu net urassen (verschwenden), Bua!« Lebensmittel waren kostbar und hatten einen Wert, nicht nur einen Geldwert, sondern auch einen metaphysischen Wert, einen Gotteswert, und meine Eltern stellten sich in der Reihung Gott-Natur-Vieh-Mensch ganz hinten an.

Diese Sau damals, diese Muttersau, die letzte, die ihnen die Russen aus dem Stall getrieben hatten. Wie von einem wundersamen Märchentier sprachen meine Eltern noch sechzig Jahre später von ihr, dieser guten Sau: »A so a guide (gute) Sau und nia a Facke (Ferkel) dadruckt und so a brave, so a guide Sau.« So teilten sie noch an ihrem Lebensende, ohne Zähne im Bett liegend, ihre Erinnerungen, mich, den ins Dunkel getauchten Zuhörer am Bettende ganz vergessend. Sie waren daheim in ihrer Heimat, waren auf der Sau flugs zurück in die Heimat geritten oder auf dem Pferd, auf ihrem letzten, das ihnen der Russe aus dem Stall gezerrt hatte und das doch zweimal den Russen wieder entkommen war, sich losgerissen und treubrav in den Stall zurückgefunden hatte, in den heimatlichen, sie aber nicht mehr, sie selbst aber nicht mehr, nie mehr in den heimatlichen Stall zurückfanden.

Stallhase meines Vaters Alois Brustmann

Nicht viel weniger wert waren das Pferd und die Sau als ein Mensch. Und auch das: An arbeitsfreien Tagen trug unser Vater die Stallhasen auf seinem Arm spazieren, hinter dem Haus, die kleine Straße hinauf und wieder herunter, mal den einen, dann den anderen, rauf und wieder runter. Er hielt sie zärtlich im Arm, wie andere ihre Katze, streichelte sie, redete mit ihnen. Aber wenn sie »reif« waren, schlug er ihnen hinterrücks den Bierschlegel auf den Kopf, weil es in der Ordnung war, auch wenn es zögerlich geschah und er, durchaus traurig gestimmt, von seiner Frau verlacht wurde für diese Zimperlichkeit.

Im Herbst öffnete mein Vater die Mistgrube, einen großen Betonsarg mit zwei Deckeln. Der Geruch war sehr stark. Durch eine runde Öffnung hatte man das Jahr über alle Küchenabfälle und Essensreste in die Mistgrube geworfen, wobei es allzu viele Abfälle nicht gab, da alles intensiv und sparsamst genutzt wurde, sei es als Hasen- oder Schweinefutter. Was übrigblieb, fiel durch die Rundung ins Dunkle und ergab sich den Zersetzungs- und Auflösungsprozessen der Natur. Ein starker Geruch war das schon. Aber auch mein Vater war stark. In großen Gummistiefeln und mit seinem altewigen »Schaber«, einem immer-

Hochzeitsbild meiner Mutter Valerie Brustmann (geb. Huber)

blauen Stoffschurz, stand er mitten im Mist, warf ihn mit der großen Schaufel nach oben in den Schubkarren und verteilte ihn auf die Gurken-, Kartoffel- und Bohnenbeete unserer Mutter, vergrub ihn in der Erde wie wertvolles Gold. Ohne Abneigung, ohne jeglichen Widerwillen stand er in der Grube und schaufelte, wie wissend um den ewigen Kreislauf der Stoffe, den Dung in den Karren. Schaufelte wie ein Totengräber, der Gebeine aus der Grube holt, damit da ein anderer darin seinen Platz fände, um seine ewige Reise vom Werden und Vergehen anzutreten. Der Geruch war stark. Aber für meinen Vater war dieser Mist wertvoller, nützlichster Stoff und er selbst dabei wirkte und werkelte stoisch, kräftig, fast wie ein Werkzeug der Natur, ein Rädchen im Getriebe. Ohne Klagen oder Raunzen, ohne jeden durchaus denkbaren Ekel folgte er der Notwendigkeit wie ein namenloser Soldat. Die Natur hatte eine Ordnung und forderte auch Unterordnung. Und damals kannte und konnte man das auch noch, dieses sich Hineinwerfen in Naturgegebenes, diese manchmal auch tierblinde Hingabe.

Josef bei Dreharbeiten in Wien

Die Natur meiner Eltern aber war eine stille, schöne. Wie liebevoll meine Mutter, diese handfeste Bäuerin, erzählen konnte von den Veilchen, Maiglöckchen und Rosenstauden in ihren Blumenbeeten, denn bei allem Nutznotwendigen hatte auch die Schönheit einen festen Platz in ihrem Herzen. Wie mein Vater die Zwetschgen, Trauben und Kirschen auf seinen Feldern als Paradiesfrüchte lobte und wie sich Mutter und Vater später die Flurnamen ihrer längst versunkenen Wiesen und Felder bis aufs Sterbelager sehnsuchtsvoll zuraunten, wie zart das war und wie empfindsam, hingebungsvoll. Und dieser stillen, bescheidenen, gottgefälligen Natur tat man es gleich. Schon das Schauen in einen Spiegel galt meiner Mutter als Sünde: »Malts euch den Mund net so rot«, mahnte sie meine Schwestern, und nur ein einziges Mal in ihrem Leben durfte ihr die Tante den Mund »rot malen«, als sie zusammen in Wien in die Operette gingen. Sogar auf ihrem Hochzeitsfoto kommt einem ein durchaus selbstbewusstes, attraktives, aber ungeschminktes Gesicht entgegen. Natürlich sollte man sein, uneitel und ungeschminkt, ungeschminkt wie die Natur.

Und später sollten auch wir natürlich sein und natürlich wollten und mussten wir anders sein und anderes ausprobieren, und ich habe vieles ausprobiert. Bei Dreharbeiten in Wien spielte ich den Massenmörder Blaubart. Die Visagistin malte mir mit Lippenrot und Kajal Tag für Tag eine solch geheimnisvolle Verführung ins Gesicht, dass ich mich auch meiner damaligen neuen Liebe so zum Geschenk machen wollte. Vor dem Ausgehen ins Kino überraschte sie mich an meinem Badespiegel, meine Wimpern tuschend. Aber sie hatte dafür nichts übrig außer Befremdlichsein, und ich reihte mich wieder ein in die Riege der »normalen« Liebhaber. Frauen mögen das nicht, wenn man in ihren Verschönerungsrezepten wildert.

Wie wertvoll und überlebenswichtig sie ist für mich, diese stille, schimmernd-leuchtende Natur. Zu romantisch und sentimental sollte man nicht sein, jeder weiß, wie hart sie uns Menschen immer und überall treffen kann und treffen wird. Aber wenn die Bauern bei uns in Oberbayern ihre Kühe von den Almen heruntertreiben, dann schmücken sie diese mit aller Naturschönheit. Was für Lebenshöllen dagegen deutsche Mastställe mit zwanzigtausend Schweinen und Rindern oder Hühnerhaltungen mit dreihundertfünfzigtausend Tieren.

An meinen Eltern halte ich mich fest. Nicht, dass ich das Einengende, Lebenseinzwängende ihrer Kirchen- und Dorffolgsamkeit nicht sehen würde. Aber in ihrer bescheidenen, natürlichen Art lagen auch Kraft und Ruhe. Sich selbst nicht zu wichtig nehmen, niemandem etwas neiden, sich mit dem begnügen, was ist, und damit zufrieden sein. Diesen wertvollen Lebensvorrat besaßen sie, weil sie der Natur noch so nahe sein durften und so sein wollten wie die Natur, natürlich waren. Man konnte lernen von ihnen.

das rauschen des baches
von dem schon so viele
dichter geschrieben haben
höre auch ich
und auch ich
schreibe vom rauschen des baches
aber der bach hört es nicht
er rauscht einfach

LAUFEN

In Krankenhäuser ging ich nie gern. Immer fühlte ich sofort eine rätselhafte Beklemmung in mir, Schweiß legte sich auf Hände und Stirn. Heute weiß ich, dass sich alte Angst einstellte, Angst, die gut eingeübt und mir in Krankenhäusern ins Herz gewachsen war. Angst, die auch erinnert werden wollte.

Nur dreimal war ich Patient in einem Krankenhaus, mit zwei, drei und mit vier Jahren, immer jedoch für mehrere Wochen und immer ohne Besuch. Ärzte und Krankenschwestern rieten in jener Zeit von solchen Besuchen ab, weil diese zu nervenaufreibenden, tränenreichen und herzzerreißenden Abschiedsszenen führen würden. Wie eine stumme, wehrlose Porzellanpuppe wurde ich von Mal zu Mal für lange, unbestimmte Zeit an fremde Krankenhäuser verliehen, ohne zu wissen, wann und ob ich überhaupt wieder abgeholt werde. Bei meiner Rückkehr habe es mir immer die Sprache gründlichst verschlagen, hätte ich tagelang kein Wort gesprochen, hätte ich eingenässt. Dieser Angstspur kam ich lange nicht auf die Schliche.

Nur zwei Erinnerungsbildern war es gelungen, zu überleben. Meinen Vater und meine älteste Schwester sehe ich stehen an meinem Gitterbett im Krankenhaus, der überhaupt einzige Besuch in all diesen Wochen, Monaten. Sie hatten ein Mitbringsel dabei, sicher von meiner Schwester ausgesucht: ein Bambi, ein kleines Bambi. Ein Bambi mit brauner Stupsnase, die Ohren übergroß und flauschig, ein Bambi mit kleinem Stummelschwanz, weißen Tupfen, rehbraunen Augen (was sonst) und, mit rotem Faden umgebunden, ein kleines Glöcklein, das winzig-leise zu bimmeln vermochte. Dass ich das noch so weiß.

Das zweite Bild: Mein Vater und ich. Er bringt mich zum dritten Mal nach München ins Harlachinger Krankenhaus. Ich ahne, was auf mich zukommt, versuche, den Abschied hinauszuzögern, gehe langsam, gehe langsamer, noch langsamer, muss dringend aufs Klo, zerre meinen Vater in die kleine Krankenhauskapelle, stelle mich fromm betend, dann wird es dunkel, keine Bilder mehr, keine Erinnerung, keine einzige.

als mich die ärzte auseinanderschnitten
und vater und mutter weit weg
die hungrigen mäuler
meiner geschwister
im vogelnest
stopften
war
mein
kinderherz
in solcher not
dass es in den großen
weißbeflügelten hauben der ordensschwestern
nur engel sehen konnte, schon in einem anderen land

Einen großen Bruder und eine große Schwester könnte ich zu meinen sechs noch lebenden Geschwistern haben. Die beiden sind als ganz kleine Kinder gestorben.

mein größter und ältester Bruder
der nicht leben durfte
wird mir einst beim Sterben helfen

Mein ältester Bruder starb an einer schweren Lungenentzündung, sein Grabstein steht wundersamer Weise noch im Tschechischen und ist das einzige deutsche Relikt dort auf dem Friedhof. Meine Schwester starb in Deutschland an einer Spina bifida, einer Krankheit, die einen Lendenwirbel nicht ganz zuwachsen lässt und so das Rückenmark ungeschützt größten Gefahren aussetzt.

und sei das kind gestorben
schon an seinem dritten tag
und habe es der vater
noch in der sterbenacht
in schaffelle gehüllt
dass es nicht friere
und habe er es auf einem schlitten
durch die stille winternacht gezogen
und sei an der friedhofspforte schon
der totengräber gestanden
und habe das kind in empfang genommen
mit beflissener anteilnahme
und sei der vater mit leerem schlitten
wieder heimgekommen
und habe kein stern gefunkelt am himmel
und sei der schnee gefallen
in unnachgiebiger gleichgültigkeit

Mit den Lebensauffresserkrankheiten meiner Vorgeschwister lag ich monatelang im Hospital und überlebte alles. Wie wenn meine beiden großen Himmelsgeschwister als Schutzengel über mir gewesen wären, sprang ich dem Tod behänd von der Schaufel. Ein paar Tritte und Andenken gab er mir allerdings noch mit, er, der Beleidigte, Gekränkte, aber dann war ich ihn los, zumindest bis heute. Der Bogen meines vierten Lendenwirbels hatte sich während der Schwangerschaft nicht geschlossen, Lähmungen und Nervenstörungen waren die Folge, und noch heute »weiß mein rechter Fuß, was der linke tut«: Ich kann beide nicht unabhängig voneinander bewegen, beide müssen immer das Gleiche tun. Gehen konnte ich so erst mit vier Jahren. Bis zu diesem Zeitpunkt kroch ich am Boden umher. Dabei machte ich mir eine eigentümliche Bodenturnergeschicklichkeit zu eigen. Wie eine Katze, so geschickt war ich auf allen vieren. Später dann, im Judotraining, war ich richtig gut, weil ich meine Kontrahenten absichtlich in Bodenkämpfe verwickelte, die ich nie verlor.

Während dieser vier bitteren »Gefängnisjahre« habe ich das Herumsitzen gelernt, seitdem sitze ich gerne herum. Sehr gerne in Cafés. Da sitze ich, denke vor mich hin, und wenn ganz unerwartet eine »innere Glocke« klingelt, serviert ein Fremder in mir eine Idee und ich schreibe etwas auf. Das ist schön für mich, aber sicherlich war das Erlernen dieser Sitzkunst schlimm. Nicht mit den anderen mitsausen, draußen Spannendes erleben dürfen, der Mutter, dem Vater enteilen, sich entfernen, weggehen können: Sicher war das schlimm. Aber heute kann ich lange sitzen, mit meiner Frau sitzen, meinen Kindern, Geschwistern, Freunden, alleine sitzen, sitzend nichts tun, sitzend nachdenken und schreiben. Ich kann das so gut, weil ich es früh schon gemacht und somit auch gut geübt habe. Dass man damit Geld verdienen kann, ist schön, ein wenig wie im Schlaf.

Meinen größeren Geschwistern war ich damals lästig. Lange mussten sie mich in einem Kinderwagen herumschieben, peinliche Auftritte immer für alle. Wie ein überreifes Kuckuckskind saß ich, zu schwer und zu groß geworden, im korbgeflochtenen Kinderwagen. Zusammen mit meiner drei Jahre jüngeren Schwester lernte ich dann endlich laufen und noch heute verbindet uns beide etwas nahezu Zwillingshaftes.

Das Laufen ist mir so wichtig. Aber auch das Sitzen. Im Laufen, im Gehen erfinde ich oft Gedichte oder Melodien, im Sitzen schreibe ich Geschichten. Jetzt gerade zum Beispiel, sitze ich, so wie Sie, die Sie mich gerade lesen. Oder lesen Sie gerne im Stehen? Kann ja auch sein. Wenn Sie gerade stehen, gehen Sie zum Fenster. Sie öffnen es und schauen draußen den Menschen zu beim Gehen, wie sie alle gehen, eher bestimmt und mit festem Ziel die meisten. Ich schaue mir das oft und gerne an und finde es berührend und schön. Vielleicht, weil es uns Menschen so etwas Gemeinsames ist: Alle gehen wir, haben Aufgaben, Sorgen, Nöte, Verpflichtungen und Verbindungen und gehen, gehen zueinander hin, voneinander weg, aneinander vorbei, spazieren in der Sonne, haben es eilig im Regen, gehen im Schnee. Dieses Menschengehen finde ich schön, vielleicht auch, weil ich so lange darauf verzichten, so lange darauf warten musste, weil ich es erst so spät gelernt habe, es meiner Krankheit abtrotzen musste. Gehenkönnen ist für mich ein großes Geschenk.

bergsturmträgtdenschneeherbei
aufdemdachvergurrendietauben
wieteelichterlichternmenschen
durchdienachtdurchdenschnee

LASS ES LAUFEN

Zwei etwa achtjährige Mädchen aus dem Dorf trugen den so anrührend kleinen, weißen Kindersarg meiner kleinen Schwester zur Grabesgrube hin. Eines der Mädchen, beide trugen weiße Kleider und prächtige Zöpfe, geriet in große Not. Wohl aus der Ungewöhnlichkeit des Geschehens heraus, war ihr der Blasendruck unerträglich geworden. In leisem Flüsterton sucht sie Rat bei der Mitträgerin. Die flüstert zurück: Lass es einfach laufen. Und so ließ sie alles laufen, ließ alles in Unterhose, Strumpfhose und Schuhe laufen. So groß war dabei die Scham, dass das Geschehene sechzig Jahre lang das strenge Geheimnis zweier unschuldiger Mädchen blieb. Bis vor Kurzem also. Auch mitten im Sterben geht das Leben einfach weiter.

SPORT

Im Sport war ich eine Flasche. Es war schlimm. Schlimm, weil mir alle Herumturnerei, Herumtollerei eine große Lust war und jeglicher Sport, insbesondere natürlich das Fußballspiel, für das Ansehen in der Klasse und das Ranking in der Gruppe wichtig war. Wenn wir als Kinder unsere Fußballmannschaften formierten, folgte das festen Regeln. Die zwei vermeintlich besten Fußballspieler stellten sich im Abstand von etwa zwei Metern auf, bewegten sich aufeinander zu, abwechselnd immer nur einen Fuß vor den anderen setzend, zuletzt gar nur noch einen halben, bis halt einer seinen Fuß nicht mehr zwischen seinen eigenen und den des anderen brachte, er kein »Hühnerdapperl« mehr machen konnte und damit nur zweiter Sieger blieb. Der Erste aber durfte mit der Wahl seiner Mitspieler beginnen und hatte den unbestreitbaren Vorteil, jedes Mal den ein wenig besseren Spieler in seine Mannschaft nehmen zu können.

Ein »hundsgerechtes« Auswahlsystem war das, in dem alle mit allen verglichen wurden. Es ging dabei eiskalt um fußballerische Qualität und nur selten wurde man aus Freundschaftsgründen aufgerufen, höchstens, wenn man vielleicht in etwa gleich gut war mit einem anderen, dann konnte das Persönliche schon eine Rolle spielen, dann schon. Immer wusste man, wie man »dran war«, kannte man seinen Stellenwert. Man wunderte sich ein wenig, wenn man einmal eine Stufe höher rutschte, einen anderen überholte, was nicht oft geschah, war aber auch nicht sonderlich traurig, wenn einem ein eigentlich schlechterer vorgezogen wurde. Ja gut, vielleicht doch insgeheim ein wenig, aber wir spielten jeden Tag und dann war es halt so. Auch war man froh, dass man überhaupt mitspielen durfte, und an Heinzi denke ich heute noch, wie er einmal später dazukam, überzählig war und sich eine halbe Stunde als Torpfosten hinstellte, da uns ein vierter Baum als Markierung fehlte. Heinzi war als Torpfosten in diesem Moment wichtig, wäre uns nicht eingefallen, über ihn zu lachen, nie im Leben. Auch über die erst ganz am Ende in die Mannschaft gewählten »Flaschen« lachte man nicht, ich gehörte manchmal dazu. Alles Lebensschule, nichts als Lebensschule, ha.

Dass ich im Laufen so schlecht war, hatte ich meinen Beinen »zu verdanken«, die meinem Hirnwollen nicht so folgten, wie ich es mir erträumte. Ich gab mir so Mühe, zerriss mich förmlich, wollte schneller laufen, es ging nicht, ich wusste nicht warum.

Ich sehe mich noch sitzen auf der Aschenbahn beim Schulsport, Training für das alljährliche Sportfest. Die gestoppte Zeit auf die »fünfzig Meter« war wieder nur enttäuschend und ich saß nachdenklich am Boden, betastete mit den Händen meine Beine, suchte den »Fehler«, suchte den Grund, den Unterschied.

Wie blind ich war. Von meinen Krankenhausaufenthalten hatte ich große Operationsnarben an den Innenseiten meiner Füße, Folge sinnlosen Herumpfuschens der Ärzte damals, um mein »Gangwerk« etwas zu stabilisieren. Die Narben lagen sichtbar vor meinen Augen, waren nicht zu übersehen, aber ich übersah sie. Meine Operationen, meine Krankenhausgeschichte, alles war mir aus der Erinnerung genommen.

Die überdeutlichen Narben gehörten schon so lange zu mir, nie wäre ich auf die Idee gekommen: Mensch, das ist doch klar, dass du nicht mit den anderen mitkommst, dass die dir auf und davon laufen und du beim Fußball immer erst am Schluss ausgewählt wirst. Resterampe. Dabei war ich kein schlechter Spieler, zu langsam halt war ich, ich konnte mich anstrengen wie ich wollte.

Beim Schulsport im Bodenturnen und an den Geräten, am Reck am Barren war ich gut, sehr gut sogar: »Der Brustmann turnt wie ein Japaner«, lobte der Sportlehrer öfter, weil ich aufgrund meiner Operationen beim Geräteturnen die Zehen so schönschlank langstrecken konnte. Das Lob hat mir gut gefallen.

Tragisch war, dass ich im Halbjahrzeugnis immer eine Eins im Sport hatte, im Abschlusszeugnis aufgrund des Sportfestes mit Laufen, Weit- und Hochspringen immer nur eine Drei, umgekehrt hätte es sein sollen. Und dann natürlich auch nie eine Siegerurkunde, nicht einmal im Leben, und das als sportbegeisterter Junge, nicht einmal eine gewöhnliche Urkunde, geschweige denn eine Ehrenurkunde.

»Die einzige Urkunde, die ich diesbezüglich vorweisen kann, ist meine Geburtsurkunde«, habe ich später als Kabarettist gescherzt und dann auch kurz erzählt über diesen großen Kummer des kleinen Josef. Einmal, in Unterfranken: Eine ältere Frau kommt am Ende der Pause zu mir, überreicht mir eine Siegerurkunde, auf meinen Namen ausgestellt, unterschrieben von ihr und vom Bundespräsidenten Steinmeier. Sie sei Lehrerin, gerade sei Sportfest gewesen, eine Urkunde sei übriggeblieben. Sie sei in der Pause schnell heimgegangen und hätte sie mir ausgefüllt. Mit fünfundsechzig hatte ich es also doch noch geschafft, eine Siegerurkunde. »Und sagen Sie es niemandem, da sind zwei Unterschriften darauf, das ist Unterschleif, das ist Betrug.«

An vielem bin ich später gescheitert. Wie schwer es war, das Skifahren. Mein Bruder Herbert nahm mich netterweise mit auf die Winkelmoosalm. Die Abfahrt gestaltete sich als eine Aneinanderreihung von bestimmt 200 Stürzen, immer wieder hat es mich »hingeduscht«, immer wieder bin ich aufgestanden. Die Skischuhe waren von meiner älteren Schwester, waren viel zu groß. Ich geriet in den Tiefschnee, der abrupte Stopp zog mich aus den Skischuhen, Sicherheitsbindungen kamen erst viel später. Mit meinen Socken stand ich im Pulverschnee, mein Bruder trug mich zurück zu den Skiern und steckte mich wieder hinein in die viel zu großen Schuhe. Wie duldsam man ist als Kind.

Schlittschuhlaufen war ein einfacher, billiger Sport, alle konnten es. Ich aber stand auf so wackeligen Beinen, schlug so oft aufs harte Eis, traurig und geknickt schlich ich davon. Tennis spielte ich gerne, mit meinem Ballgefühl konnte ich mir Vorteile schaffen, die die »Beinarbeit« ausglichen. Zum Glück fand ich zum Rudersport, das war perfekt. Das konnte ich.

Das Wasser, der See, die machen was mit mir. Immer wenn ich vom Rudern heimkomme, bin ich glücklich. Wie einfach das Leben ist. Schon Schwimmen ist schön, aber Rudern …

Geh ich ums Ruderhaus, fliegt mir die Landschaft entgegen, umarmen mich leidenschaftlich das Gras, das Wasser, die Bäume, die Berge. Man ist wie alleine mit ihnen. In die hohen Tore des Bootshauses sind runde Löcher geschnitten für die Schwalben. Virtuos, wie sie durch die kleinen Rundungen flügeln. Stößt mal eine an? Nie im Leben, die pfeifen auf autonomes Fahren.

Wenn sie Junge haben, ist was los, Gepiepse, Geflitze, reinrausreinraus. Fast sind die Schwalben noch verführerischer als die Landschaft, freier, höher hinauf; die Landschaft bleibt am Boden, die Schwalben ziehen in die hohen, weiten Lüfte; nehmt mich mit.

schwalbe flog schon
übern berg
ich bleibe noch
fliege später
zur winterreise

Ich hole mein Schiff, ich sage Schiff, die besseren Ruderer sagen Skiff. Ich bin kein besserer Ruderer. Ich bin ein schlechterer. Ich bin ein Müßiggänger. Rudern ist für mich eine steile Form der Meditation. Zwei Stunden auf »hoher See«, nur den eigenen Pulsschlag im Kopf, lange, regelmäßige, ruhig-feste Atemzüge, es ist, als tränke man Luft. Die ewig drängende Kopfmaschine ist abgestellt, alle Sorgen verfliegen im Wind. Einsteigen ins Boot, schon tausendmal gemacht, blind könnte ich es, die Bewegungen, die Handgriffe, die Skulls in die Dollen gelegt und dann los, sich wegdrücken vom Steg.

Am frühen Morgen liegen leichte Nebelschleier auf dem Wasser, durchsichtige Balletttänzerinnen von Edgar Degas. Erst wenn die Sonne aufsteigt, steigen sie mit empor, fächern sich auf, tanzen dem Himmel zu. Fast lautlos das Boot im Wasser. Das Ufer grüßt, du grüßt zurück. Schloss Berg zieht vorbei und die Roseninsel, König Ludwig, Sisi. Auch Richard Wagner und Franz Liszt waren oft hier und Johannes Brahms, kein Wunder. Ich lenke das Boot in Richtung Seeshaupt. Schon hinter Seeshaupt die Vorberge, ganz in Grün, darüber die schon richtigen Berge, ganz in Blau, überragt von der Zugspitze, fast das ganze Jahr mit Schnee überzuckert, wie mit weißem Blütenstaub. Himmelhochjauchzende Landschaft, umwerfendes Bühnenbild, der Herrgott, dieser geniale Schöpfer, ein schwuler Dekorateur dürfte er wohl sein. Ein anderer noch fliegt groß über mir, ein Milan. Ich schaue ihm nach, drehe meinen Kopf, verrenke ihn mir fast, wie leicht der fliegt, flügelfederleicht.

Rudern in der Dämmerung, eine schwere Wolke schiebt sich über den Himmelsrand und pecht mir das Wasser schwarz. Sie wandert weiter, gibt den Mond wieder frei, der schüttet sein Licht aus über mich, jetzt bin ich Goldmarie. Wie farbig das Dunkel sein kann.

Am See heute traf ich Tanja und Patrick. Es schneit und hat hohe Wellen: »Du ruderst doch nicht etwa bei dem Sauwetter, das ist lebensgefährlich!« »Doch«, sage ich, tu wie selbstverständlich und komm mir verwegen vor.

Einmal bin ich schon gekentert, das Wetter hier ist gefährlich, launisch, im Nu hast du hohe Wellen, dann schlägt dir das Boot voll Wasser, der See kann jähzornig sein. 4 Grad hatte das Wasser, der Adrenalinschock erbarmt sich deiner und erwärmt dir das Winterwasser auf 16 Grad. Notstranden an einem fremden Grundstück, der Besitzer droht gleich mit einer Klage wegen Hausfriedensbruch, will meinen Ausweis sehen. Wer rudert schon mit seinem Passport? Viele hier haben viel Geld und viel Angst. Ich bin völlig durchnässt, aber ich lache, das beruhigt ihn. Morgen bring ich ihm ein Flasche Rotwein, dem Arsch.

BETEN

O Gott, von dem wir alles haben, wir preisen Dich für Deine Gaben.
Du speisest uns, weil Du uns liebst, so segne auch, was Du uns gibst.
Amen.

Wie oft wir das gebetet haben, am Mittagstisch, zum Abendbrot, aber nicht zum Frühstück, weil es das bei uns nicht gab: schnell eine Tasse Milch, ein Butterbrot noch im Gehen und ab in die Schule. Unser Vater »brockte« sich frühmorgens altes, hartes Brot in den Zichorienkaffee, einen billigen Kaffee-ersatz, den unsere Mutter mit ein paar gemahlenen Kaffeebohnen »auf-frisierte«, damit es wenigstens »eine Spur« nach »Luxus« roch in der Küche.

Auch am Sonntag gab es kein Frühstück, um 9 Uhr war Hochamt und der Empfang der Kommunion, der heiligen Hostie, hatte auf nüchternen Magen zu geschehen. Wie schnell die Männer danach in den Wirthäusern zum Frühschoppen verschwanden, ebenfalls auf nüchternen Magen.

Wir beteten alle zusammen. Aus dem Nichts begannen wir gemeinsam, gleiches Tempo, gleiche Betonungen, gleiche Zäsuren, gleiches Atemholen, ein archaisches Unisono, durch wie viele Jahrhunderte hindurchgleitend wohl schon, Wortgemurmel rundgeschliffener Steine, vom Fluss fortgetragen. Wie eine Gebetsleier tönte es, von buddhistischen Mönchen.

Keiner sprach den Text bewusst, keiner achtete auf den Inhalt, die Zunge ging von alleine, erledigte ihre Arbeit wie im Schlaf. Der Tonfall des Betens war anders als alles andere am Tag Gesprochene, ein murmelndes Selbstgespräch. Denn er, der Herrgott, war nicht im Raume spürbar, doch schien unser Haus kein Dach zu haben in diesen Momenten, die Gebete gingen absichtslos himmelwärts.

Die Länge des Tischgebetes war ausrechenbar. Manchmal allerdings, meist am Sonntag, streckte der Vater das Mittagsgebet mit einem »Gegrüßtseistmaria«, wohl um das Sonntägliche zu unterstreichen, sicherlich hatte es ihn seine Mutter so gelehrt. Dann gab es im rhythmischen Sprachfluss ein kurzes Holpern, ein paar Unebenheiten, bis sich alle im neuen Gebet eingefunden hatten. Man nahm es hin, es war ja alles schnell vorbei, auch wenn der Hühnchenduft schon den Speichelfluss in Gang gebracht hatte.

Meist gab es Hühnchen am Sonntag, immer zwei, ausgestopft mit Knödelteig, der durch den Bratensaft wie Hühnchenfleisch schmeckte. So wurde das kostbare Fleisch gut vermehrt und reichte für neun Personen. Ich mochte am liebsten den Hühnerhaxen, bis heute mag ich ihn am liebsten. Zweimal im Jahr vielleicht gab es Hasenbraten, es waren Vaters Hasen, die wir Kinder zwar fütterten, die uns aber weiter nichts »angingen«, vielleicht weil der Stall ganz schön stank. Wir verspeisten die Hasen bedenken- und mitleidlos: »Du speisest uns, weil du uns liebst, so segne auch, was du uns gibst.«

»Gott, von dem wir alles haben.« Für unsere bäuerlichen Eltern war das noch erlebbare und erfahrbare Wirklichkeit gewesen. Alles kam von Gott, der Acker, die Frucht, das Wetter, die Weizenernte, das Mehl, das Brot, die Trauben, der Wein. Erst in unserer Generation fingen diese Gewissheiten an zu bröckeln, alles kam nun von Aldi.

Als Erwachsener bei meinen Eltern zu Besuch, verweigerte ich mich dem Gebet, dem Essensgebet. Mutig war ich und voll panischer Angst, ein Strafgericht drohte auf mich herabzustürzen. Hinauswerfen werden sie dich, böse ausschimpfen zumindest – alte Kinderangst, aber nichts passierte. Meine Eltern taten so, als sei nichts gewesen. Lediglich meine Kinder, die mit am Tisch saßen, schauten irritiert und verschreckt auf mich, nur auf mich. Sie spürten meine Angst hinter dieser lautlosen Meuterei.

Zwei-, dreimal noch setzte ich mich diesen für meinen Ablösungsprozess dringend notwendigen Mutproben aus. Von den Eltern kein Wort, kein Blick, keine Regung. Letztlich waren sie doch viel toleranter und großherziger als vermutet.

Nach diesen Absatzmanövern war dennoch ein neuer Abstand hergestellt zwischen mir und meinen Eltern und ich betete wieder mit, es fiel mir jetzt ganz leicht, in ihrem Haus, an ihrem Tisch sitzend, ihre Gepflogenheiten, ihre Rituale, ihre gottesfürchtigen Gebete zu würdigen und zu achten. Ich wusste jetzt, ich durfte anders sein, durfte Ich sein, sie ließen mich, und fast schämte ich mich, als Saboteur ihr Tischgebet gestört zu haben.

Wenn ich heute Menschen beten höre, kann ich nicht anders, als an meine Eltern zu denken, auch beim Kirchenglockenklang stellt sich augenblicklich dieses Zurückdenken ein. Ich bin mir sicher, dass es meinen Eltern nicht anders erging. Diese Erinnerungsschnur hat die Kirche zweitausend Jahre alt werden lassen. Alles weitergegeben von Mund zu Mund, von Hand zu Hand, von Herz zu Herz. Eine Erinnerungs- und Andachtsschnur, eine Rosenkranzschnur, mahnend und tröstend gleichzeitig, ein großes Zusammengebinde über viele Jahrhunderte hinweg.

Vom Tischgebet, den frommen Liedern in der Kirche, den langen, lateinischen Gebeten, wie dem Confiteor des Ministranten, zieht sich eine Spur zu den ersten auswendig gelernten Gedichten aus dem Schulbuch der Volksschule: »Herr von Ribbeck auf Ribbeck im Havelland« zum Beispiel, oder »Das Büblein auf dem Eise«. »Wer kann alle Strophen auswendig?«, fragte der Herr Lehrer, immer hob ich brav den Finger.

»Gefroren hat es heuer noch gar kein festes Eis.
Das Büblein steht am Weiher und spricht zu sich ganz leis:
›Ich will es einmal wagen, das Eis, es muss doch tragen. Wer weiß!‹«

Und da waren auch diese Lesungstexte im Gottesdienst, die der Herr Pfarrer mit mir besprach, um mich auf schwierige Latein- oder Griechischwörter vorzubereiten, sie mir zu erklären und ihre korrekte Aussprache einzuüben.

Es führt ein feingezeichneter Weg zum späteren leichtfüßigen und lustvollen Lernen von Liedtexten und zum noch späteren eigenhändigen Verfassen derselben.

Die Sprache kam langsam zu mir, nistete sich ein wie tausendfingriges Wurzelwerk, alle Wörter gruben sich in mein Gedächtnis, in meine Seele: Ein tiefer Brunnen, aus dem man schöpfen darf, der sich immerwährend mit Neuem füllt, unfassbar, unglaublich, geheimnisvoll, ein Urbrunnen, der einem immer wieder neue Sätze und Gedichte zuflüstert oder hochschleudert wie ein Geysir.

Aber am Anfang stand das sich immer reimende Gebet:

Jesukindlein, komm zu mir,
mach ein frommes Kind aus mir,
mein Herz ist klein,
kann niemand hinein,
als nur das liebe Jesulein.

Das Weihwasser für daheim schöpfte ich aus dem Steingutkessel in der Kirche, den der Pfarrer zu bestimmten Zeiten segnete. Vom Weihwasser zu trinken, um vielleicht den besonderen Geschmack des geistlichen Segens herauszuschmecken, war ich oft versucht, gewagt habe ich es nie, zu groß wäre sie gewesen, diese Sünde für mein unschuldiges Kinderherz. Der Weihwasserkessel in unserer Stube war immer gefüllt, am Grunde des Kessels hatte sich ein grindiger Kalkrand abgesetzt, den der Finger beim Eintauchen streifte.

In den ersten Kinderjahren gab die Mutter dem Kind den Wegsegen, tauchte ihren Daumen ins heilige Wasser, zeichnete einem ein Wasserkreuzlein auf die noch unschuldige Stirn. Später gab man sich selbst brav und beflissen den Segen.

Als man älter war und alles Fromme nur noch ein Hokuspokus zu sein schien (angeblich vom lateinischen »Hoc est enim corpus meum« abgeleitet), gab einem die Mutter wieder den Daumen, nachsichtig, nachdrücklich, das Versäumnis »auswetzend«, »Kinder, vergesst's auf'n Herrgottn net!«

Mein erstes Buch, das ich besaß, noch vor »Lederstrumpf« und »Huckleberry Finn«, war ein Gebetbuch, ein nach seinem Herausgeber benannter »Schott«, von Vater und Mutter zur Erstkommunion geschenkt. Mit prächtigem Goldschnitt, rotem Einmerkband und einem Schonbezug aus schwarzem Plastik war dieses Buch für mich, einem absolut besitzlosen Kind (außer ein paar Indianerfiguren und abgewetzten Tennisbällen), eine große Sache. Ich hatte plötzlich etwas, das nur mir gehörte. Stolz trug ich das Gebetbuch gut sichtbar in der Rechten zur Kirche, den Goldschnitt nach oben, damit er in der Sonne glänze, jetzt war man kein kleines Kind mehr.

Heute bete ich wieder. Ich sage Meditieren dazu, das klingt moderner. Sich versenken, seinen Atem und seine Gedanken frei fliegen lassen, über den Lebensrand hinaus. Immer besuche ich auf diesen Ausflügen auch meine Eltern im Himmel oder sonst wo. Nach ihrem Tod haben sie immer noch zu mir gesprochen, jetzt sind sie verstummt, aber dennoch anwesend. Immer kehre ich beschenkt zurück.

FRAU KARG

Frau Karg war unsere Nachbarin. Ihr Mann hatte sich im Krieg als Soldat eine Lungentuberkulose »geholt« und war noch recht jung daran gestorben. Ein ewig stiller, schweigsamer, verschlossener Mann, im Gesicht hatte er etwas Vornehmes. Frau Karg war kinderlos geblieben. Vielleicht war es das, was sie für uns so unberechenbar machte. Manchmal durchaus freundlich zu uns Kindern, konnte sie dann wieder unerwartet kalt und abweisend sein, sie hatte kein leichtes Leben. Manchmal ging ich für sie einkaufen, 10 Pfennig war mein Lohn.

Das Wichtigste für uns an Frau Karg war ihr schöner Fernseher, den sie sich von ihrer Witwenrente geleistet hatte. Der Fernsehempfang war nur schwarz-weiß, hatte drei Programme, zum Umschalten musste man aufstehen und einen Knopf drücken. Jeden Samstagabend war Showtime. Unsere Eltern und wir Kindern durften bei Frau Karg fernsehen. Im Gänsemarsch zogen wir hinüber zu ihr in das angrenzende Reihenhaus. Wir sahen gemeinsam die 20-Uhr-Tagesschau und einen Film, dann zogen wir wieder ab. Kaum, dass wir ein Wort mit der »Kinobesitzerin« wechselten, die Eltern schon, aber wenn es losging, waren wir alle sofort still. Gemessen an unseren einfachen Tagesabläufen, war Fernsehschauen unerhört spannend, alles. Wir krochen förmlich in den Flimmerkasten, von niemandem ein Wort, aber gemeinsam gelacht haben wir, an das erinnere ich mich sehr gerne. Vor allem an das Lachen meines Vaters, der zu Hause eher verschlossen und ernst war, aber gerne lachte, wenn ein Besuch kam, da war er ganz verwandelt, ja, und beim Fernsehen. So überschön mir die Filme waren, immer war da auch die Angst, dass diese wunderbare Filmvorführung jederzeit vorbei sein könnte, das machte mich herzrasend unruhig, gleich konnte alles Glück zu Ende sein, bittebittebitte noch nicht aufhören, lieber Film.

In der kalten Jahreszeit war dieses Fernsehkino noch anheimelnder. Frau Karg sparte mit der Heizung, dann war es saukalt bei ihr. Wir brachten schon immer Decken mit. Unter den Decken mit den Geschwistern zusammengekuschelt, schauten wir »Lassie«, Charlie Chaplin, »Bonanza« oder »Spiel ohne Grenzen« und waren restlos glücklich. Manchmal gab es Kekse, die schmeckten aber nicht, sie »schmeckten« schon etwas. Lange Jahre jeden Samstag die Prozession zu Frau Karg, unser einziger Familienausflug im Grunde, ein Familienkinobesuch. Wie lange ging das? Ich weiß es nicht genau, ich würde vom Gefühl her sagen: immer und ewig, aber das stimmt nicht.

WASCHEN (SAEPE MANUS, RARO PEDES, CAPUT NUNQUAM)

Hygiene, ja schon. Soweit es halt ging. Als Kind fühlte ich mich eh immer sauber und ohnehin waren wir im Sommer den ganzen Tag nicht aus der Isar herauszubringen, da waren wir übersauber: Schwimmen, tauchen, kraulen, kurz aufwärmen, schon waren wir wieder im Fluss, waren eher Wasser- als Landtiere. Die Isar nahm uns bei sich auf. Aus dem Karwendelgebirge schleppte der Fluss riesengroße Felsbrocken mit, in millimeterkleiner Fleißarbeit schob er sie bei reißendem Hochwasser vor sich her, schob sie her zu uns, überließ sie uns als kleine private Inseln. Wir übernahmen sie gerne, machten sie uns zunutze: fürs Sonnenbaden, da passt dieses Wort sehr gut, aber auch für unsere zahllosen Hechtsprünge in den reißenden Fluss. Die Isar nahm ihre Felsinseln dann langsam wieder mit sich fort, wir bekamen neue dafür nachgeliefert. Ein wildfreies Leben, zumindest im Sommer. Gewöhnlich erledigte man morgens und abends seine Katzenwäsche schnell am Waschbecken, Seife mied man, an einen Waschlappen kann ich mich nicht erinnern. Zähneputzen war Zufall.

Am Samstag Badetag. Warmes Wasser wurde eingelassen in die Badewanne. Eine Füllung musste für alle reichen, der Warmwasserboiler war an unseren Kohleofen angeschlossen, mit Brennmaterial wurde streng gespart. Zuerst badeten die Schwestern, dann wir Brüder, als Letzter stieg der Vater in die Brühe, eine Wanne für alle, an Mutter kann ich mich nicht erinnern. Sie wird sich vielleicht doch noch mal frisches Wasser eingelassen haben. Hoffentlich oder doch eher nicht. Alles blieb in der Familie.

Wir waren nicht zimperlich, man kannte es nicht anders. Ohnehin tauchte einen die Mutter nur kurz ins Wasser, rubbelte einen mit dem Handtuch ab, dernächstebitte. Die schmutzigen Füße am Abend, die barfüßigen, sicher ein halbes Jahr trug ich keine Schuhe, eine feste Hornhaut hatte sich am Ende des Frühjahrs schon immer gebildet, diese Barfüße wusch uns die Mutter im Lavoir.

Taschentücher gab es schon, immer frisch gewaschen und sogar gebügelt, mitgenommen hat man eines aber höchstens am Sonntag zum Kirchgang. Habe ich je eines benutzt? Man wusste sich anderweitig bestens zu helfen.

Unermüdlich war die Hand unserer Mutter. Alles Gewand war zu jeder Zeit sauber gewaschen, durfte keine Löcher oder Risse haben, das hätte ein schlechtes Licht auf die Familie geworfen. Bei aller Armut waren Sauberkeit und Ordnung oberstes Gebot, auch bei ungünstigsten Bedingungen hielt man sich streng daran. Ein Glück war da meine Lederhose, die jahrelang mit mir mitwuchs, nie aber gewaschen wurde oder gar gereinigt. Alles, was die Lederhose an Pflege benötigte, bekam sie mehrmals täglich von meinen ureigensten Händen sorgsam eingerieben und einmassiert: Fett, Dreck, Rotz und sonstige Zufallsschmiere. Die Lederhose nahm alles, verzieh alles. Das klingt unhygienisch und das war es auch, aber wir kümmerten uns nicht darum. Die Lederhose war eine Art textiles *Perpetuum mobile*, sie funktionierte immer, ohne jemandes Zutun. Je vielschichtiger die Patina, umso schöner wurde die Hose, und natürlich passte sie sich unseren Kinderkörpern fantastisch an. Sie war einem nicht auf den Leib geschneidert, vielmehr war sie einem an den Leib gewachsen, zwischen der Lederhose und mir gab es keinen Unterschied. Sprengte, zersprengte es mal einen der jeweils beiden Hornknöpfe, die den Lederhosenträger rechts und links mit seinen zwei Lederschlaufen zu halten hatten, knöpfte man beide Schlaufen über den noch verbleibenden Knopf. Barst auch dieser, »wurde es eng«, man hatte nur die eine Lederhose. Vielleicht lag zur Überbrückung der Reparatur noch eine hellgraue, kurze Flanellhose im Schrank. In welchem Schrank? Ach ja, im Schrank der Mädchen, in dem es auch für mich ein kleines Fach gab. Als die Schwestern ihre ersten BHs bekamen, wurde ich aus dem Schrank geschmissen. Es sollte keine »Reize« geben, es gab sie trotzdem. Insgeheim.

KIRCHENZEITUNG

Bei der Kundenanwerbung für ein Kirchenzeitungsabo kamen wir uns ins Gehege, Georg und ich, bei der Akquise für die Kirchenzeitung, oder war es das »Liboriusblatt«, auch so was Frommes.

Jeder von uns Ministranten hatte ein eigenes Straßenrevier zugeteilt bekommen. Zufällig, absichtlich oder aus Versehen graste ich ein wenig in einer seiner Straßen, da fiel er in eine der mir zugeteilten ein. Er hatte Glück. Frau Stern konnte Kindern nicht widerstehen, konnte ihm nicht widerstehen. Sie ließ sich zu einem Zeitungsabo überreden und schenkte Georg obendrein eine Tafel Schokolade, ein Wahnsinn damals. An einer Straßenecke stießen wir wieder aufeinander, siegestrunken Georg, siegestrunken und triumphierend. Er zeigte mir seine Ausbeute, natürlich.

Ich bettelte neidisch um ein Ripperl Schokolade, er warf mir eines vor die Füße, ich hob es unbedacht auf, steckte es in den Mund, wahrscheinlich ohne es überhaupt ein wenig vom Straßenschmutz gesäubert zu haben, ach was, Schmutz gab es nicht, steckte es gierig in den Mund, das mit Hohn und Verachtung vergiftete Geschenk, und gierig, wie ein ausgehungertes, nicht wie, sondern als ein ausgehungertes, kleines Nachkriegskind, so steckte ich die nachlässig hingeschlenzte Herablassungsgabe in den Mund, sog den warmen süßen Schmelzsaft in mich hinein und wurde den Nachgeschmack dieser bitteren Niederlage nie wieder richtig los.

PAPAGEI

Laut, schrill und sehr oft am Stück konnte er »Herr Brustmann« schreien, der Papagei der Bäuerin in Egling. Anscheinend mochte er meinen Vater, der am Wochenende auf dem kleinen Hof der Bäuerin mithalf; gerne und nur für ein, zwei Liter frisch gemolkener Kuhmilch als Gegengabe, die er zufrieden auf seinem Fahrrad nach Waldram heimbalancierte. Mein Vater war vor dem Krieg im Tschechischen Bauer gewesen, und das war es, was er war und was er konnte, und das wollte er weiterhin sein. Zudem bot ihm diese Nachbarschaftshilfe kleine Fluchtmöglichkeiten aus dem 1956 neu erworbenen Reihenhaus in Waldram, das zwar nicht winzig war, aber ihm aufgrund der großen, neunköpfigen Familie keinen eigenen Rückzugsraum zudachte. Er hat uns von dem Papagei nie erzählt. Ich erfuhr davon dreißig Jahre später von dem Enkel der Bäuerin. Dieser rief mich an. Er lebte in Rom. Über Satellit hatte er mich im Fernsehen gesehen und im Netz aufgestöbert. Er erzählte mir von meinem schon verstorbenen Vater, wie wenn dieser ein kleines Doppelleben geführt hätte. Nichts Amouröses war das, aber doch ein kleines verborgenes Glück, das er dort im fremden Stall fand und vor seiner Frau und seinen Kindern im Nebel ließ. Der Römer schwärmte von meinem Vater. Oft hätte er mit seiner Kinderschaufel beim Ausmisten des Stalles helfen dürfen, auch den ersten Schluck Bier seines Lebens hätte er von ihm bekommen. Verwundert, fast ein wenig eifersüchtig nahm ich das zur Kenntnis. Nie hatte mein Vater mit mir gespielt oder etwas unternommen, immer war ich für ihn ein verschwommenes Zuvielkind gewesen, wurde nicht gesehen, konnte gar nicht gesehen und wahrgenommen werden. Wie oft gab man mir aus Versehen die Namen meiner großen Brüder. Einmal meine Mutter zu mir: »Ach, schön, dass du kommst Alois.« Mein Vater korrigierend: »Des is net der Alois, des is der Herbert.« Nach dem Tod meines Vaters soll der Papagei lange noch nach ihm geschrien haben: »Herr Brustmann, Herr Brustmann!«

SLIBOVITZ SLIBO-WITZ

Als die Russen 1945 die Tschechoslowakei einnahmen und alle »Volksdeutschen« aus dem Lande warfen, gehörten meine Eltern zu den Verlierern der Geschichte. Nicht aufgeknüpft oder vergewaltigt zu werden, war ohnehin schon größtes Glück. Meine Mutter überlebte und überstand alles heil an Leib und Seele, sie hatte sich mit einer Freundin im Heuschober versteckt und stundenlang ohne Unterlass zum heiligen Josef gebetet. Mein Vater war zu dieser Zeit in jugoslawischer Kriegsgefangenschaft und arbeitete bei einem Weinbauern als Fassbinder, von den Jugoslawen gut behandelt.

Kurz vor Ankunft der russischen Soldaten hatte meine Mutter zwei große Fässer im schon fast leeren Pferdestall vergraben. In eines der Fässer hatte sie eiligst und panisch ihr Brautkleid und den Hochzeitsanzug meines Vaters, altes Porzellan und Silberbesteck, den wenigen Schmuck und wichtige Dokumente gestopft, in einem zweiten Fass versenkte sie einen Fünfzig-Liter-Glasballon mit selbst gebranntem Slibovitz.

Sechzig Jahre später reisten meine Eltern mit uns erwachsenen Kindern zum ersten Mal wieder in ihr Heimatdorf. Das Wohnhaus der Hofstelle war zerfallen, aber der Stall hatte alles überlebt und stand immer noch groß und leer. Dem neuen tschechischen Bauern war rasch alles erklärt. Nach dem Versprechen, den Inhalt der Fässer mit ihm zu teilen, einem geglückten Auffinden derselben vorausgesetzt, gab er uns den Schlüssel zum Stall. Gab uns auch Schaufeln und Pickel und meine beiden Brüder und ich machten uns in dem riesigen Stall an die Arbeit. Wie blinde Maulwürfe über Tage durchpflügten wir auf gut Glück den Stallboden, angewiesen von unserer Mutter zwar, die sich an alles zu er-

Kodau bei Znaim, Kreis Misslitz, Südmähren

innern glaubte, diese Erinnerungen jedoch alle fünf Minuten revidierte. Eine obskure, vogelwilde, spannende Schatzsuche, die uns jagdfiebern und darüber alle schweißtreibende Mühe vergessen ließ. Wir waren in einem Vor-Slibovitz-rausch. Immer wenn die Schaufel auf ein Holzstück traf, hofften wir, auf eine der Fassdauben gestoßen zu sein, feuerten uns gegenseitig an und glaubten, den Slibovitz schon zu riechen. Aber wir fanden nichts. Natürlich wussten die Russen damals von den verzweifelten, überhasteten Vergrabungsaktionen der Bauern und sondierten mit langen Eisenstangen die Stellen in den Stallböden, die sich durch aufgelockertes Erdreich schnell verrieten. Wir kamen sechzig Jahre zu spät.

Der sechzigjährige »Selbstgebrannte« aber ging uns nicht mehr aus dem Kopf und schenkte uns immerhin rauschhafte Fantasiebilder, die uns den Schnaps mit den tschechischen Dorfbewohnern gemeinsam aussaufen ließen, ein spätes Versöhnungsgelage mit Vertreibungsgeschichte und Beneš-Dekreten und unseren tschechischen Hoferben, denen Entbehrung und Armseligkeit alles Sieghafte schon lange aus den Gesichtern gestohlen hatte. Wir hatten sie noch einmal gerochen und beackert unsere Heimaterde, aber sie hielt uns für Fremde und mochte uns nichts mehr zurückgeben von den alten Besitztümern,

Mutter und Vater wieder daheim in ihrem Kodau ein halbes Jahhundert später

die Hochzeits- und Brautkleider unserer Eltern nicht, und nicht den selbst gebrannten Slibovitz, den wir von da an immer nur noch lachend einen Slibo-Witz nannten.

Die Enteignung des elterlichen Hofes, mit siebzehn Hektar damals ein ansehnlicher Besitz, hatte schleichend stattgefunden. Sie begann mit der zwangsweisen Einquartierung von tschechischen Kriegsflüchtlingen, die später zu den neuen Besitzern werden sollten. Die tschechische Bäuerin lieh sich die Kaffeemühle bei meiner Mutter, einmal, zweimal, dreimal, um sie dann beim vierten Male schon nicht mehr zurückzugeben. Und so war es dann mit allem. Sechzig Jahre später erkannten sich beide Frauen auf Anhieb wieder und fielen sich weinend in die Arme.

Wie wichtig dieser Heimatausflug für uns alle war. Ich sehe sie noch gehen, meine Eltern, beide schon weit über achtzig, sehe sie gehen durch ihr altes Dorf, Arm in Arm, Hand in Hand. Wo sie sich zum ersten Mal geküsst hatten, die Stelle zeigten sie uns und das alte Wirtshaus, in dem sie zum ersten Mal getanzt hatten miteinander. Der Schrägstand der späten Sonne zauberte in den Wirtshausgiebel den verblassenden Schimmer eines geschwungenen, deutschen Schriftzuges in den Wirtshausgiebel: Gasthaus zur goldenen Traube.

Ein schönes Wiedersehen ergab sich auf diesem Heimatausflug mit einer letzten, in Kodau verbliebenen weitschichtigen Verwandten. Marie Brustmannowá war ihr schöner, nach Musik klingender Name. Die Welt verliert nichts.

was wäre geworden aus mir
wäre ich im tschechischen geboren
drüben
im land meiner eltern
was wäre geworden aus mir
ein bauer?
ein musiker?
ein oberkellner?
ein säufer?
ein selbstmörder?
ein mädchen?

Wann er sich die doppelreihige Mundharmonika gekauft hatte, wusste niemand. Wenn ihm »zeitlang« war oder ihn gerade eine bestimmte Stimmung aufsuchte, bewohnte, holte er das Instrument aus der Schublade unseres Küchenbüffets, einer nussbaumfarbenen Chippendale-Imitation der 20er-Jahre.

Noten kannte mein Vater nur vom Männerchor der Wolfratshauser Sängerzunft, den er auf »Anraten« des Chorleiters erst mit siebenundachtzig Jahren verließ, schwer gekränkt und bittertraurig. Fürs Mundharmonikaspiel aber brauchte er weder Noten noch einen Dirigenten, er spielte »nach Gehör.«

Ich sehe ihn sitzen, in die Couch und in sein Innerstes versunken, Ruhe ausstrahlend und Zufriedensein, das Instrument stumm noch auf den Knien. Wann er anfangen oder pausieren würde mit seinem Spiel, neu ansetzen oder endgültig damit aufhören, war nicht auszurechnen, das ereignete sich plötzlich und irgendwie. Graue Stoffhose, sich leicht wölbend über einen kleinen Bauch (trotz großem Appetit war ihm seine äußere Erscheinung durchaus wichtig, legte er Wert auf »sich nicht gehen lassen«), die Hosenträger bilden einen schönen Kontrast zur weinroten Strickjacke, die er ewig über seinem auch an Werktagen weißen Hemd trug.

Die Mundharmonika ist ein »wechselbälgiges« Instrument, ein- und ausatmen erzeugen jeweils zwei unterschiedliche Dreiklänge, der Musiklehrer in mir benennt sie als Tonika und Dominante, vulgo: erste und fünfte Stufe. Nur zwei Dreiklänge, nur zwei Harmonien, das ist nicht viel, allerdings für das Nachbuchstabieren von deutschen Volksliedern völlig ausreichend. Das Volk schätzt das Einfache, Schlichte, Überschaubare.

Was mein Vater auf seiner Mundharmonika spielte, entstammte meist dem österreichischen Liedgut. Als »Südmährer« gingen alle seine Blicke hin nach Wien, damals die Kapitale eines versinkenden Weltreiches, das sich ursprünglich vom Mittelmeer bis hin zur Ostsee erstreckte. Das Wienerlied, das war seine Liederwelt, »Am Brunnen vor dem Tore«, »Geh zur Ruh« und solche Sachen. Das »Vor meinem Vaterhaus steht eine Linde« spielte er nur bis zu der Stelle, an der sich die Melodie in die Subdominante anschickte, und »die war einfach nicht drauf« auf seiner Mundharmonika, er ließ das Lied unvollendet, in uns Kindern summte sich das Lied zu Ende, weil die Eltern es zusammen oft genug gesungen hatten.

Im hohen Alter war unser Vater bisweilen so in ein Lied vertieft, dass er zu atmen vergaß und plötzlich mit einer Art Schnappatmung alle Luft nachholen, wieder einholen wollte, wie ein Sterbender, der es sich im letzten Augenblick doch noch einmal anders überlegt hatte.

Hinter seinen großen Händen verschwanden Instrument und Gesicht. So entströmten die zarten Klänge weniger dem Instrument als seinen schweren Händen. Mit diesen reichte er einem gleichsam die Melodie, absichtslos, selbstvergessen. Er spielte nicht die Mundharmonika, sie spielte, es spielte, flüsterte. Vermutlich träumte er sich mit seinen alten Volksliedern zurück in seine Heimat, so wie er saß in der Küche auf der Ottomane, abwesend, weit weg gereist, Heimwehlieder seine Zugpferde, Reisepferde.

Niemand von uns unterbrach ihn je in seinem Spiel. Zu zerbrechlich der Moment, zu zart sein Musizieren. Auf meinem Arbeitstisch habe ich sie liegen, seine alte »Mundorgel«, wenn ich auf ihr spiele, kommt Ruhe in meinen immerzu denken müssenden Kopf.

ZITHER

Wie viele Instrumente ich spiele, weiß ich nie genau. Es sind zwischen sieben und zehn, je nach Anspruchshaltung und ob man Mundharmonika und Maultrommel noch dazuzählt. Aber dass die Zither mein Herzensinstrument ist, das weiß ich in- und auswendig. Mit acht Jahren habe ich was mit der Zither angefangen. Mein erster und dann auch schon letzter Zitherlehrer war ein Pfarreranwärter aus dem Waldramer Priesterseminar. Er war scharf auf meine Schwester. Als Zitherlehrer verkleidet, hat er sich bei uns eingeschlichen. Als er meine Schwester hatte, endete der Unterricht abrupt, das war nach der sechsten Unterrichtsstunde, da war ich eh schon besser als er. Meine Schwestern haben schön gesungen. Vor der Schule flocht ich ihnen mit meinen geschickten Fingern die Zöpfe, nach der Schule begleitete ich sie beim Singen auf meiner Zither. Es gibt alte Tonbandaufnahmen, leider und Gott sei Dank.

Meine Präludien waren oft nur wirres, verstümmeltes Tongestammel, gerne unterbrochen durch Kunstpausen, von deren unheimlicher Überlänge ein John Cage nie zu träumen gewagt hätte. Die Zwischenspiele endeten bisweilen in einer falschen Tonart, ein einziges Desaster, mir selbst damals völlig unbewusst, gottlob. Doch meine Schwestern waren unverwüstlich. Lange Jahre dilettierte und delirierte ich so vor mich hin. Etwas Haltung nahm mein Zitherspiel erst an, als ich bei Gesangsausflügen meiner Schwestern auf richtig gute Zitherspieler traf.

Mit sechzehn Jahren, einem Alter, in welchem sich meine Altersgleichen in die »Stones«, »Pink Floyd« oder »Creedence Clearwater Revival« verliebten, begegnete ich einem Zitherquartett aus Wegscheid, zwei Forstarbeitern, einem Flößer und einem Zimmermann, vier steinalten Klanghölzern, die mit drei Zithern und einer Kontragitarre über fünfzig Jahre lang zusammen musiziert und sich zu einem genial-musikalischen Blasebalg zusammengeschnauft hatten. Ihr Repertoire ging über das Volksbayerische weit hinaus und wilderte in Klangsphären eines Mozart, Franz Schubert, eines Johann Strauss oder der Wiener Salon- und Unterhaltungsmusik. Ich war hin und weg. Lange später noch wäre ich eigentlich lieber in die Beatles oder in Bob Dylan vernarrt gewesen, aber heute bin ich für immer stolz auf mich. Die Wegscheider Musikanten, sie sind schon alle lange hinüber, aber in mir, da spielen sie noch immer, die vier, ich weiß nichts Schöneres.

Und immer haben wir gesungen zu Hause, jeden Tag, einfach so, aus Freude und immer mehrstimmig. Das Singen ist für mich so wie ein- und ausatmen. Das Singen zur Zither ist mein ganzes Leben. Wenn ich einmal tot bin, wird es mir sehr fehlen.

Josef vor einem Auftritt in der
»Kulisse« in Wien/Ottakring

und eines tages
da werde ich ein gedicht sein
das du liest
du hängst es an die wand
der wind trägt es vielleicht fort
einatmen
ausatmen
mehr ist es nicht
das leben

Peter Walcher war ein guter Freund unserer Familie. Er war das vierte von sechs Kindern des Feldbauern in Oberteisendorf, jenes Bauern, der nach dem Zweiten Weltkrieg meine heimat- und obdachlosen Eltern gütig aufgenommen hatte. Vor allem sein Sohn Peter war meiner Mutter sehr nahe und die Freundschaft zu unserer Familie, die sich wie etwas Verwandtschaftliches anfühlte, hielt bis zu seinem Tod. Da einer der älteren Brüder den Bauernhof erbte (zwei jüngere hatte der Krieg nicht mehr hergegeben), ging Peter Walcher ins Kloster. Im Kloster Schäftlarn machte er eine Bäckerlehre, dann schickte man ihn als Missionar nach Chile zu einem Mapuche-Stamm am Río Choapa in der Provinz Araukanien. Vierhundert Kilometer Urwald trennten ihn dort von der sogenannten Zivilisation.

Alles, was Peter Walcher auf seine weite Reise mitnahm, waren seine kurze Lederhose, seine heiß geliebte Trompete und ein Abonnement der »Sänger- und Musikantenzeitung«. Viermal jährlich wurde ihm diese in den Urwald nachgeschickt. Oft soll sie sehr verspätet eingetroffen sein, aber ohnehin: Bald zählte Peter die Tage, Monate und Jahre in seinem Achsoweitwegland eh nicht mehr und ergab sich dem ruhigen Zeitfluss der Mapuche. Man muss sich ihn vorstellen als einen mittelgroßen, kräftigen Mann um die fünfzig, ohne Tonsur, denn dafür reichte das Haupthaar nicht, doch war sein schönes, quellfrisches Gesicht von einem prächtigen, mosaischen Bart eingefasst. Seine Augen hatten einen schönen Glanz, sein Blick war einem zugetan. Er lachte gerne. Mit seiner Lederhose oder seinem Ordensgewand (so genau wird er es mit der Kleiderordnung am Rande der Welt nicht genommen haben) saß er umringt von seinen Mapuche, die ihn jeden Morgen in der Art begrüßten, dass sie ihre Nase an der seinen rieben. Da saß er, spielte auf seiner Trompete und sang mit ihnen seine alten Heimatlieder, die ihm nie ausgingen, da die »Sänger- und Musikantenzeitung« zuverlässig für Nachschub sorgte. Einmal spielte er uns Tonbandaufnahmen vor. Das kehlige Singen der Mapuche erinnerte an Sänger aus Garmisch oder Tirol und war voller Sehnsucht. Vielleicht hatte die seine abgefärbt.

Alle fünf Jahre bekam Peter Walcher Heimaturlaub. Plötzlich stand er dann unerwartet und unangekündigt in der Tür. Angetan mit einer braunen Kapuzinerkutte, unter der er sommers wie winters lediglich eine Badehose trug. Um die Kutte, den Habit, schlang sich auf Hüfthöhe das Zingulum, ein aus Hanffasern gedrehter Strick, der ihn und sein einfaches Gewand zusammenhielten. Für uns Kinder war Peter ein Heiliger, dem wir aber unscheu entgegenliefen, weil er freundlich und lustig mit uns war. Da er über einen riesigen Volksliederschatz verfügte, brachte er uns dann die schönsten Volkslieder bei, Lieder, die aus alter bayerischer Vergangenheit ein weite Reise in die Urwälder

Peter Walcher

Chiles gemacht hatten und nun mit ihm wieder zurück nach Bayern gewandert waren. Da ihm das Zölibat als eine für den Urwald unpassende Lebensform erschien, gründete er mit einer chilenischen Klosterschwester eine Familie und eine Privatschule.

Wenn er auf Heimaturlaub war, war das für ihn immer auch eine Akquisetour. Als Kapuzinerpater wertschätzten und achteten alle den Bettelmönch, alle gaben ihm gerne. Auf Spendentour mit seiner Mönchskutte ging er dann auch noch als Verheirateter. Das allerdings haben ihm manche nie verziehen, wir schon. Oft hat er mich eingeladen, ihn in Chile zu besuchen, und noch öfter habe ich es später bereut, das nicht getan zu haben. Aber die Erinnerung an ihn und die Mapuche, die so leidenschaftlich seine bayerischen Volkslieder sangen, die wird mit mir weiterreisen. Die Schule, die er mit seiner Frau gründete, gib es heute noch. Sie ist nach seinem Namen benannt, seinem Ordensnamen Sebastian. »San Sebastian« heißt sie demzufolge und ist immer noch Zufluchts- und Bildungsort für Kinder mittelloser Eltern und eine der ganz wenigen Schulen, in der Mapudungun, die uralte Sprache des Mapuche-Volks, unterrichtet wird. Letztere Information wurde mir von Pedro Walcher zugetragen, dem in Chile lebenden Sohn von Peter Walcher, wir korrespondieren mittels Google-Translate.

»Ich hab oft ›Heimgeh‹«, sagte die iranische Taxifahrerin, eine politisch verfolgte Dissidentin, in Berlin mehrmals zu mir. Heimgeh statt Heimweh. Der große Schmerz als Bewegungsbild, dass man das Wort Heimat oder Heimweh nicht mehr denken muss. Heimgeh! Kurzschluss.

Der Heimatbegriff wird zugänglicher, wenn man sich ihm vom einsamen Weg des Verlustes her nähert. Die afghanischen Flüchtlinge, die meine Frau mehrere Jahre betreute, können einem traurige, wahre Lieder singen von ihrer Heimat, die ihnen davongeschwommen ist, der sie auf- und davongeschwommen sind übers Mittelmeer. Und dann zeigen sie einem Handy-Bilder: die Porträts ihrer Eltern und Geschwister, dann das Elternhaus, dann Fotos ihrer heimatlichen Landschaft, immer in genau dieser Reihenfolge. So einfach erklärt sich Heimat, wenn sie einem verloren geht.

Als die Russen meine Großmutter Mathilde Wozulek von ihrem Hof vertrieben, nahm sie heimlich den Haustürschlüssel ihres Bauernhauses mit. Als mein Vater, er hatte, und das war sein ganzes Glück, nach dem Krieg eine Anstellung als Sanitäter im Münchner Schlachthof gefunden, seine Amts- und Krankenstube für immer zusperrte, nahm er heimlich den Schlüssel mit. Als ich mit meinem siebzehnjährigen Sohn vom Land in die Stadt München zog, nahm er heimlich seinen Zimmerschlüssel mit.

Als wir mit dem Bairisch Diatonischen Jodel-Wahnsinn zu einem Musikfestival nach Russland eingeladen waren, begrüßte uns in Novgorod ein Frauenchor, die Frauen alle um die achtzig, neunzig, viele kaum noch Zähne im Mund. Wie die ihre Volkslieder sangen, wie aus Himmel und Hölle gleichzeitig heraus, alle mussten wir augenblicklich weinen. Meiner Frau verschwamm alle Wimperntusche. Heimat färbt ab. Einer alten Russin schenkte ich eines unserer Kabarettplakate. Sie sprach ein wenig Deutsch. Ehrfürchtig rollte sie das Plakat in wenig schützendes Zeitungspapier. Als sie die Ecken ihres Einwickelpapieres sorgfältig und liebevoll einschlug, ging ihr Blick suchend in den Himmel und lächelnd kramte sie das Wort »Stanitzn« aus ihrem Gedächtnis, ein auch von meinen Eltern häufig gebrauchtes Wort. Eine »Stanitzen« war eine aus billigem Zeitungspapier selbst gefertigte Tüte, wie sie uns Kindern manchmal unser Vater, mit Süßkram gefüllt, aus der Stadt mitgebracht hatte. »Stanitzn« ist ein Wort aus dem Böhmisch-Österreichischen.

Als die deutschen Soldaten 1945 vor den russischen zurückwichen, ließen sie ihnen meinen Onkel Walter da, als Unterpfand, in fremder Erde vergraben.

Unsere polnische Freundin, weit gereist, in vielen Heimaten zu Hause. Fünf Sprachen beherrschte sie annähernd perfekt. Nach einem Gehirnschlag waren alle Sprachen weg. Die einzige, die wieder zu ihr zurückkam, war die polnische, wir konnten uns nicht mehr mit ihr verständigen.

dass ich keine muttersprache habe
dass ich keine vatersprache habe
das böhmischmährischösterreichische
dieses wunderbare k.u.k-sprachgemisch meiner eltern
ich habe es übersprungen
meine sprache ist geschwistersprache
von meinen brüdern, meinen schwestern
habe ich sie mit meiner zunge aufgeleckt
wie von einem salzstein
sie erlernten sie rasch im bayerischen exil
um nicht aufzufallen
um dazuzugehören
um zu überleben
dazugehören wollte auch ich
zu meinen geschwistern
zu den menschen dort
zur tiefen einödlandschaft
und doch klingen sie noch immer nach in mir
diese böhmischen laute und benennungen:
guide gasch
es gfraster es
dochtl duchat
dui net urassen bui
riegelts ma net de goi
vergehen werden sie
diese laute
wie auch vater und mutter
schon lange vergangen sind

Blomberg heißt ein kleiner Skibuckel hinter Bad Tölz. Ich sitze zusammen mit einem etwa zwölfjährigen Tölzer Jungen in einem Zweiersessellift.

Ein Gesprächsversuch.
Ich: »Guter Schnee heute.«
Er: »Na ja.«
Ich: »Und sonst so?«
Er: »Na ja.«
Ich: »Und Schule und so?«
Er; mundfaul: »Na ja.«
Ich: »Und beruflich? Was willst du mal werden?«
Er, lebhaft: »Zimmerer.«
Ich: »Aha, das weißt du schon jetzt ganz sicher?«
Er: »Ja, sicher. Ich werde ganz sicher ein Zimmerer. Mein Großvater ist Zimmerer und mein Vater ist Zimmerer und mein Großvater heißt Sepp und mein Vater heißt Sepp und ich heiße auch Sepp und da brauch ich später nicht einmal ein neues Schuidl (Türschild).«

Als ich mit meiner Enkeltochter auf der historischen »Oiden Wiesn« (Oktoberfest) in München auf einem uralten, historischen Karussell fuhr, saß neben uns eine betagte Frau auf einem schwarzen, holzgeschnitzten, mit Hunderten von kleinen Spiegeln besetzten Zirkuspferd. Sie hatte tags zuvor im Bayerischen Fernsehen einen Film gesehen über die »Oide Wiesn« und eben auch über dieses alte Karussell und hatte sofort jenes Pferd wiedererkannt, auf dem sie mit sechs Jahren zum ersten Mal in ihrem Leben Karussell fahren durfte. Jetzt saß sie, leicht und frei, im Damensitz auf selbigem Pferd, um die Traum- und Wunderfahrt von damals noch einmal wirklich werden zu lassen.

Kabarettauftritt in Prien am Chiemsee. Hinter dem großen Gasthaus ein riesengroßer, zu diesem Zeitpunkt völlig verlassener, geteerter Parkplatz. Ich holte meine Instrumente aus dem Auto. Ein etwa siebenjähriger Junge tauchte auf. Trachtenhut, kurze Lederhose, Loverl (meist handgestrickte, nur die Waden umkleidende Trachtenstrümpfe), barfuß in Haferlschuhen. Ich zu ihm: »Und?« Er: »Schuhplattlerprobe.« Ich: »Plattelst mir was?« Er: »Wennst was spielst.« Dabei zeigte er auf mein Akkordeon. Ich setz mich mit meinem Instrument auf die Ladefläche meines Autos und spiele eine rasante Polka. Und er, mitten auf dem riesigen, geteerten Parkplatz, schuhplattelt für mich ganz frei im Freien, vereinsfrei.

Die wilde Wiese hinter meinem Elternhaus, sie schien uns Kindern zu gehören. Doch plötzlich war Schluss. Ein Zugezogener baute sich darauf ein Haus, er ganz alleine, alleine für sich. Es ging alles sehr langsam. Nur mit Schaufel, Schubkarren und seinen beiden Händen grub er ein großes Loch in die Wiese. Er grub alleine, bei jedem Wetter, auch im Winter. In eineinhalb Jahren erschaufelte er sich einen Keller. Er baute sich alleine ein Haus, ein Einzel-Haus, eine Ein-Zell-Heimat.

BLUT UND BODEN

Mein Blut ist böhmisch-mährisch, Tschechisches und Österreichisches hat sich in mir verquirlt. Das Blut meiner ersten Frau stammte von französischen Hugenotten und ostpreußischen Juden. Das Blut meiner Kinder also ist eine wilde Mischung, der Krieg hat gut umgerührt. Wir hatten nie darauf geachtet, auf diese verrückten »Reinheitsgebote« der vergangenen Jahrzehnte, und später sollte meine Partnerwahl auf eine deutsch-französische Italienerin fallen. In eine Fremde waren wir als Flüchtlingskinder hineingeworfen, das Fremdsein war uns vertraut, wie sollte man da großen Wert auf Eingeborenes, Abgestammtes, Reinrassiges legen? Immer ging es damals nur um hautnah Persönliches bei unseren Kindern. Wer ist wie wild, wer hat Humor, wer schafft das »Gymi«, wer geht auf die »Monte« (Montessorischule), wer lernt welches Instrument, wer kann singen oder malen? Was, du willst reiten? Nee, Motorradfahren ist zu gefährlich, oder? Unsere Kinder sind ganz unschuldig aufgewachsen, weil die Geschichte alles so umgepflügt hatte, das Unterste zu Oberst gewendet, und weil erneute nationale Eitelkeiten und Zuschreibungen völlig sinnlos und lächerlich gewesen wären.

Das Orientalische, das Muslimische, das Slavische, das Jüdische, das Arische, das Reinrassig-Deutsche, wir haben nur den Kopf geschüttelt darüber, obwohl der Geruch des wilden Blutmordens noch schwer in der Luft lag. Als Adolf Hitler 1938 Mähren annektierte, brauchten alle Volksdeutschen einen Arierausweis (Ahnenpass). Zurückforschen an amtlicher Stelle mussten alle ausnahmslos bis 1880, wer in die NSDAP eintreten wollte gar bis 1850. Wenn sich bis dahin nichts Jüdisches fand auf dem weißen Westchen, konnte man froh sein. Meine Eltern forschten rückwärts bis 1750, man hatte wohl nichts zu befürchten und war sich seiner Sache sicher. Eine schöne Fleißaufgabe. Kein Jude weit und breit. Dafür konnte man bei dieser »Familienaufstellung« des Arierausweises gut sehen, dass sich die Geschlechter von Vater und Mutter kurz vorher schon gekreuzt hatten. Die Dörfer waren klein, mit den angrenzenden Tschechen wollte man nicht allzu viel zu tun haben, der Kreis der Heiratsfähigen war überschaubar. Inzucht war nicht so schlimm, nur Jüdisch durfte man nicht sein, ums »Verrecken« nicht. Fünfzig Jahre später kam einer meiner Großneffen dunkelhäutig auf die Welt, der Vater war Nigerianer. »Koloròs« benannte ein Nachbar das Wunderbaby, unsicher und voller Angst, in eine Sprachfalle zu tappen.

Meine Eltern haben diesen Urenkel geliebt wie alle anderen auch, er ist aufgewachsen ohne Ressentiments, und nur die kleine Lebenseinschränkung, dass er beim Dreikönigssingen immer Caspar, den Mohren, spielen musste, fand er verdrießlich, zu gerne wäre er auch mal Balthasar gewesen oder Melchior, weiß geschminkt. Nach allem mörderischen, menschenverachtendem Rassenwahn der Nazizeit, zu allem hysterischen Angst- und Wutgeschäum der Neonazis ist es mir ein schöner Trost, dass sich unsere »großdeutsche« Ahnenlinie wieder bis ins Afrikanische zurückgemendelt hat, zurück in die uralte Wiege der Menschheit.

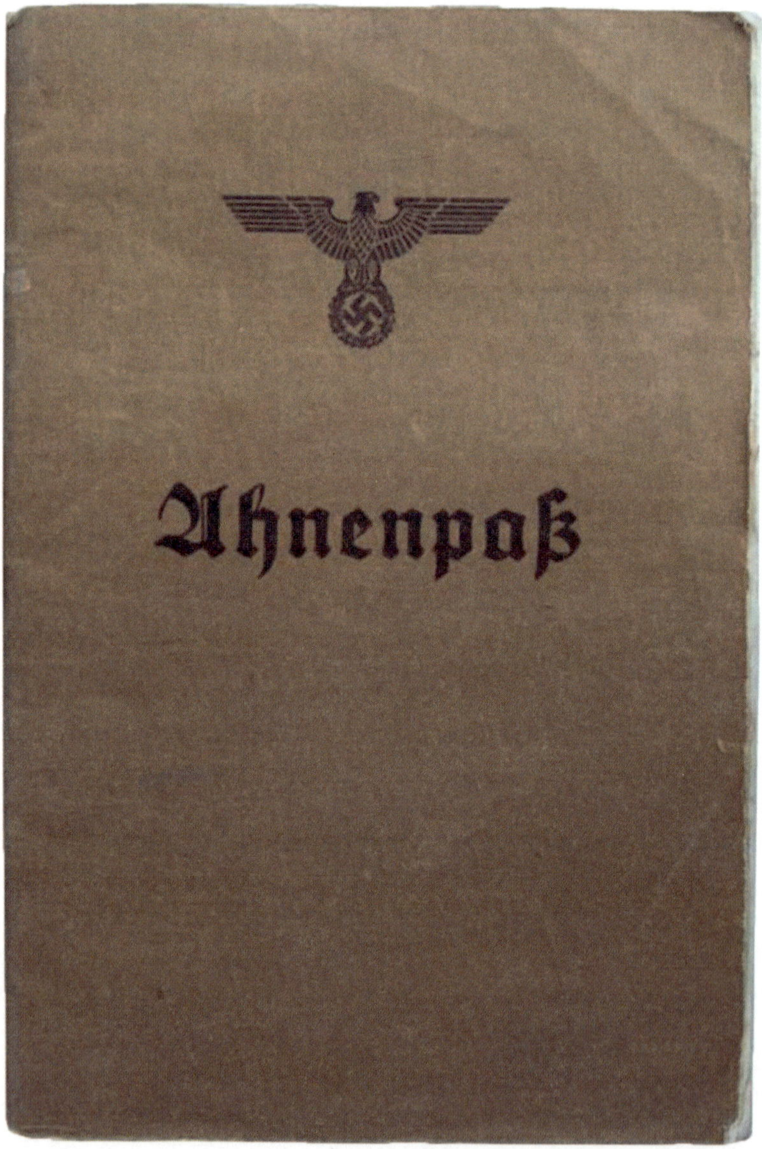

Ahnenpass meiner Mutter Valerie Brustmann

Ich gehe ans Telefon. »Ich bin die Ursula Brustmann aus Wien und ich glaube, mir zwei san verwandt.« »Aha«, sag ich und: »Gern, warum nicht, aber warum und wie verwandt sind wir denn?« Ihre Antwort: »Ich bin ihre Cousine achten Grades.« »Herrje«, sag ich und dann war sie plötzlich weg, die Cousine, war die Leitung unterbrochen.

Es ist nicht so, dass ich ungebetene Anrufer anraunze oder Bibelforschern die Nase vor der Tür zuschlage. Sogar wenn eine fremde Stimme aus dem Ausland am Telefon wegen einer angeblichen Notsituation um Geld bittet und deren Besitzer unbedingt mit mir seit schon immer verwandt sein will, bleibe ich ruhig und höflich und lächle still in mich hinein. Die Leitungsstörung kam wie bestellt, sie kam unversehens von der Telekom, aber Ursula Brustmann war hartnäckig. Sie blieb dran und ich dann auch und es sollte sich wirklich lohnen.

Ursula Brustmann lebt in Wien, arbeitet im österreichischen Wissenschaftsministerium und ist dort zuständig für ministerielle Angelegenheiten bezüglich des Simon-Wiesenthal-Instituts. Mit großer Leidenschaft widmet sie sich zugleich der Ahnenforschung, und dabei ist sie über mich gestolpert.

Ich schickte ihr die Ahnenpässe meiner Eltern zu, die offizielle E-Mail-Adresse ihres Ministeriums wirkte vertrauenserweckend. Nur wenige Wochen später hat sie mir tatsächlich meine Ahnenreihe bis ins 17. Jahrhundert zurückverfolgt und aufgelistet. Sie hat sich umgesehen in den Matrikeln und Pfarrbüchern von Kodau und Znaim, den heute noch tschechischen Heimatorten unserer gemeinsamen Vorfahren. Diese waren allesamt Bauern, Halblehner oder einfache Handwerker gewesen und hatten sich dort anscheinend jahrhundertelang nicht von der Stelle gerührt.

Ich war überrascht und auch begeistert, in meinem Alter läuft einem gewöhnlich keine neue alte Verwandtschaft mehr zu. Ursula Brustmann war ein Großereignis.

Auf dienstlicher Durchreise nach Dublin besuchte sie uns. Meine Frau und ich hatten den gesamten Brustmann-Familienclan zusammengetrommelt, großer Bahnhof, großes Fest. Wohl war das Verwandtschaftsband mit Ursula Brustmann ein fadenscheiniges, arg dünn gescheuertes, eigentlich ein Witz, aber dass sie nach »Überlebenden« ihres »Stammes« gesucht und tatsächlich auch welche gefunden hatte, das war schon etwas Besonderes, etwas zu Herzen Gehendes. Schuld war unser Urvorfahre Georg Brustmann, an dem sich unser Stammbaum festmachen ließ, Georg Brustmann, der im Jahr 1686 eine gewisse Maria Springinkerl geehelicht hatte.

Wir waren eine seltsam-seltene Gesellschaft. Feierlich und lustig schon, aber angerührt auch von etwas Fernem, Fremdem, Unsichtbarem, als klopfe

Anno 1668

Erste namentliche Erwähnung von Georg Brustmann im Jahre 1668

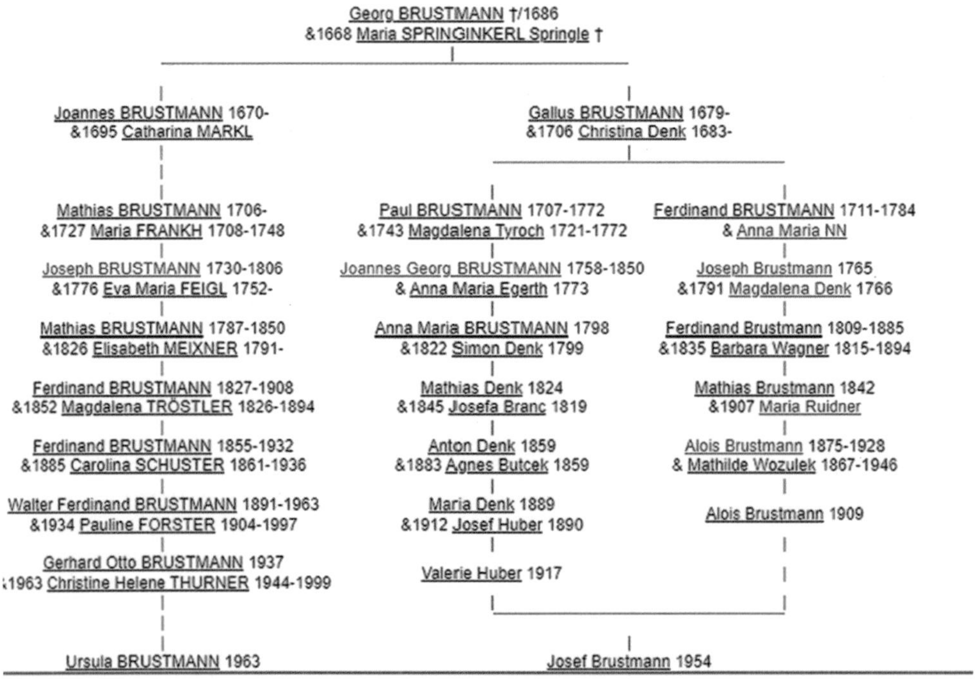

Stammbaum der Familie Brustmann

da ein lange schon vergangener Verwandter an die Haustür, fordere Einlass ins Daheim, um dann beim »Ja bitte, trete er herein« sich umzudrehen und wort- und grußlos fortzuwandern, nicht ohne vielleicht einen Reisigzweig an die Türklinke gehängt zu haben, als ein Zeichen dafür, dass nicht alles nur einer Einbildung oder einem dunklen Scherz zuzuschreiben wäre, sondern alles durchaus echt und handgreiflich und wesentlich und blutsverwandt. Das Aufscheinen einer Gestalt, die aus tiefen Jahrhunderten heraufkommt, zu dir kommt, dich leise anstreift am Gewand und dann weiterwandert an dir vorbei, hinein in deine eigene Zukunft, in dein eigenes Zukunftsland, in deine eigene, hell-dunkle Ewigkeit.

Georg Brustmann ist unser ältester Vorfahre, unser Gewährsmann, unser Ururahn. Geheiratet hat er 1686, Geburts- und Sterbedatum sind ungewiss. Zehn Kinder hatte er, wohl das auch der Grund, dass sich unser Geschlecht bis in das 21. Jahrhundert durchgemogelt hat.

Ursula Brustmann hatte für jeden von uns ein kleines Sträußlein gebunden, jeder bekam von ihr seine »Stammesurkunde«, sozusagen, seinen Heimatschein, seinen Ahnenpass.

Wir haben uns alle sehr gewundert über unseren Familienplan, unseren starken, mächtigen Stammbaum. Ein wenig Stolz mischte sich ein, auch eitler Stolz, tragen doch sonst meist nur Adelige diese Familienmonstranz vor sich her. Und nun auch wir Brustmanns, lediglich einem alten, zähen Bauerngeschlecht zugezählt.

Ein wenig getrübt wurde dieses Sichwohlgefallen durch Maria Springinkerl, der Ehefrau von Georg Brustmann. Springinkerl, ein Name, der das vornehm Stammbäumliche ins etwas Lächerliche absinken ließ. Allerdings fand ich in mehreren Tabulaturen auch ihren Namen angegeben mit Maria Springinklee und sogleich wieder schien Minnesängerliches unser Geschlecht zu zieren. Schreib- und Übertragungsfehler finden sich im übrigen zuhauf in diesen alten Kirchenbüchern. Und natürlich stellt sich heute auch gleich ein fades Gefühl ein, wie man in diesen Matrikeln immer nur den Männern hinterhergeht, den »Herren des Menschengeschlechtes«, und sich die Spur der Frauen verliert, wie wenn sie nicht gewesen wären und ihre Namen hinter denen der Männer meist sang- und klanglos verschwinden.

Unlängst, am Totensonntag, standen Ursula Brustmanns Eltern am wundersamerweise immer noch gut erhaltenen Grabdenkmal unseres ältesten Bruders Günther im Znaimer Friedhof, legten ihm ein Blumengesteck aufs Grab, steckten ihm eine Kerze an, whatsappten uns ein Foto, beteten für ihn und unsere Familien. Das wirkt, das hat Kraft, ob man jetzt an was glaubt oder nicht.

Wie er wohl überhaupt einmal sterben können würde, mein Vater, vor lauter Gesundsein. Eine Darmverschlingung hätte ihn dann fast »zur Strecke gebracht«. Aber er war noch nicht »an der Reihe«, er war noch nicht reif für den Tod. Etwas müde und abgespannt lag er in seinem Krankenhausbett. Ob ich ihm seinen Schnauzbart etwas stutzen könnte? Vorsichtig ging ich mit einer kleinen Nagelschere ans Werk. Die körperliche Nähe zu meinem Vater war gänzlich ungewohnt, aber nicht unangenehm. Konzentriert stutzte ich an seinem Hitlerbärtchen herum. Dass er sich nie davon getrennt hatte? Über Ausschwitz hatten wir einmal heftig miteinander gestritten. Er: Ausschwitz hätte doch in Polen gelegen, das mit den Juden, das wären doch die Polen gewesen. Immerhin, dachte ich mir, wäre ihm das lieber gewesen. Nach dieser Lehrstunde war die Tür zu diesem Thema für immer zugeschlagen.

Ich schnitt ihm seinen Schnauzbart, ich schnitt ihn kürzer, als er es wollte, er war mir ausgeliefert. Das in Verruf gekommene Zweifinger-Bärtchen, ich spielte mit dem teuflischen Gedanken es zu ruinieren, aber mein Mut war nicht groß genug.

Vom Krieg erzählte mir mein Vater damals leider so gut wie nichts, ebenso wenig von allem erlittenen Leid und blieb mir so auch seltsam fremd und unnahbar. Jeder körperlichen Berührung und Zärtlichkeit wich er aus (saftige Ohrfeigen ausgenommen) und wurde mir so eher zum Feind als zum Freund, bis wir uns in seinen letzten Lebensjahren zu einer zarten, hauchdünnen Zuneigung und Liebe überredeten, deren unschätzbaren Wert ich erst später begreifen sollte. Damals im Krankenhaus nach dem Bartschneiden: Ich verabschiede mich, geh zur Tür. Er: »Mein lieber Josef.« Ich drehe mich überrascht zu ihm, er wiederholt: »Unser lieber Josef.«

»Unser lieber Josef«, das konnte er gerade noch aushalten, »mein lieber Josef« ward als zu nah, als peinlich intim empfunden und gleich wieder zurückgenommen. Aber es stand unauslöschbar da vor mir: »Mein lieber Josef!« Ein einziges Mal im seinem Leben hat er mich in seine Karten, in sein Herz schauen lassen, und fast wie ein Versehen wurde alles schnell wieder von der Tafel gelöscht. Außer, dass er mir zu meinem guten Leben verholfen hat, war dies das größte Geschenk, das er mir gemacht hat.

Ich war schon fünfzig geworden und begriff in diesem Augenblick selbst überrascht, wie lange ich auf dieses eine Zeichen gewartet hatte: »Du, mein lieber Josef!« Wie angewiesen man ist, wie bedürftig, wie dürstend nach dieser Liebe von Vater und Mutter, und das lebenslänglich. Dass es diesen »Durst« nach Bejahung, Anerkennung und Liebe auch bei Vater und Mutter gibt, vergisst man meist, und so musste mein Vater durch eine lange Wüstenei wan-

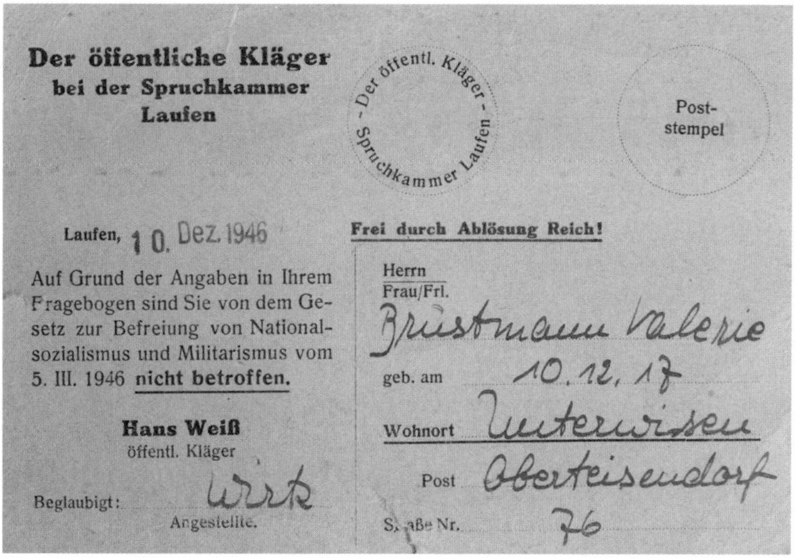

**Der öffentliche Kläger
bei der Spruchkammer
Laufen**

Der öffentl. Kläger - Spruchkammer Laufen -

Post-
stempel

Laufen, 10. Dez. 1946

Frei durch Ablösung Reich!

Auf Grund der Angaben in Ihrem Fragebogen sind Sie von dem Gesetz zur Befreiung von Nationalsozialismus und Militarismus vom 5. III. 1946 **nicht betroffen.**

Hans Weiß
öffentl. Kläger

Beglaubigt: ....
Angestellte.

Herrn
Frau/Frl. Brustmann Valerie
geb. am 10.12.17
Wohnort Unterwiesen
Post Oberteisendorf
Straße Nr. 76

Entnazifizierungsbescheid meiner Mutter Valerie Brustmann

dern, bis ich ihm Zeichen meiner Kinderliebe auf die ausgetrockneten Lippen träufeln konnte, bis ich ihm ein guter Sohn wurde.

Nur einmal besuchte mein Vater eine meiner Kabarettveranstaltungen, natürlich ohne sich hinterher darüber zu äußern. Als wir nach seinem Tod seinen Schrank räumten, fand ich Dutzende mich beschreibender Zeitungskritiken, die er jahrelang heimlich ausgeschnitten und aufbewahrt hatte.

Alles in allem war mein Vater ein fescher, kraftvoller Mensch, innerlich sehr fein, ausgestattet mit knappem, überraschendem Witz und Humor, und hätte das Lebensschicksal nicht so viele Trauertücher über ihn geworfen, hätten wir es bestimmt gut miteinander haben können.

Von den neun Kindern meiner Eltern sind sieben übriggeblieben: Erna, Alois, Herbert, Annemarie, Hildegard, Josef, Monika. Martha und Günther starben in ihren ersten Lebenswochen. Dass wir sieben Geschwister ein sehr enges, liebevolles Verhältnis zueinander haben, ist ein überaus schönes und wohl auch seltenes Geschenk. Es ist ein Geschenk unserer Eltern an uns, die Streit unter uns Kindern immer nur zu einem gewissen Maße duldeten, aber strikt auch dazwischengingen, wenn sich die Angelegenheit ins Ungute, Handgreifliche hochdestillierte, uns beherzt zügelten wie ihre Ackerpferde und in möglichst strenger, gerechter Richterschaft niemanden bevorzugten. Obwohl selbst oft genug in Ehehändel verwickelt, waren sie als Vater und Mutter, als Eltern, nicht auszuspielen und zu umgehen. Beide konnten streng sein, aber auch nachgiebig. Durch die große Notzeit der 40er- und 50er-Jahre trugen sie uns mit großem Fleiß, großer Umsicht und aufopfernder Selbstlosigkeit. Und auch wenn Lob, liebevolles Zureden oder hautnahe Zärtlichkeit ohnehin Mangelware war bei Bauersleuten, so waren doch Wärme, Sorge und Fürsorge immer da, auch wenn sich diese oft nur in der unmittelbaren Versorgung einer Tag- und Nachtküche oder körper- und herzwärmender, selbst gestrickter Pullover der Mutter zeigten.

Mütterliche Versorgung: Eine gebratene Gans hatte meine Großmutter Mathilde meinem Vater noch in seinen Rucksack gesteckt, als er 1939 in den Zweiten Weltkrieg zog. Hurra und Siegesgewissheit waren groß zu Kriegsbeginn, die Verpflegung hervorragend, man lebte in Saus und Braus. Die Gans im Rucksack meines Vaters verdarb. Voller Gewissensbisse warf er sie auf einen Misthaufen. Während der darauffolgenden acht Jahre begleitete ihn diese Gans wie eine böse Fata Morgana durch Krieg-Not-Angst und Hungerzeit.

MUTTERLIEBE

Das Wort Mutterliebe beugte sich nach zwei Seiten, da war die Liebe der Mutter zu mir und meine Liebe zur Mutter hin. Sowohl ihre Liebe als auch die meine war eine eher heimliche. Später dachte ich oft, ich wäre ihr Lieblingskind gewesen, aber das stimmte nicht. Vielleicht hätte ich es geschafft, wenn ich Pfarrer geworden wäre, dies wollte sie immer. So aber durfte ich ihr zumindest als Sorgenkind nahe sein.

Sorgsam achtete meine Mutter darauf, keines ihrer Kinder zu bevorzugen. Das machte ihre Hinwendung zum einzelnen Kind etwas indifferent, etwas schwer lesbar. Alle liebte sie anscheinend gleich. So musste man sich alle Mutterliebe mit sechs Geschwistern durch sieben teilen. Es reichte fast für alle.

Ich liebte meine Mutter sehr, allerdings hatte ich immer Angst davor, meinem Vater in die Quere zu kommen. Wenn er die riesigen Fleischknödel- und Krautberge, die ihm die Mutter abends auf den Teller lud, unablässig mit der Gabel in seinen Schlund einschaufelte, blieb keine Zeit für Komplimente und Anerkennung. Wenn der Vater am Tisch saß, tat ich es ihm gleich. Wenn er nicht am Tisch saß, lobte ich das Aufgetragene der Mutter ausführlich und ausnahmslos »über den Schellenkönig«, was in Oberbayern schon einiges heißt. Sie hätte Besseres, Liebevolleres verdient, so mein kindliches Fühlen. Es war ein gefährliches Spiel. Die Mutter klagte in Abwesenheit des Vaters bisweilen vor uns Kindern über dessen dunkellauniges Verhalten, um ihn dann aber abends als Zuchtrute auf uns loszulassen. So geschehen, als sie wieder einmal nach Altötting zur Wallfahrt fuhr und daher der strenge Vater bei uns Kindern zu Hause blieb. Als genau an diesem Tag ein »blauer

Kopftuch meiner Mutter Valerie Brustmann

Brief« mit Schularrest für mich ins Haus flatterte, nahm mein Vater dies seltsam gelassen, fast mit ein wenig Stolz darüber, dass ich, der etwas überbrave, duckmäuserische Sohn, auch einmal eine Schulstrafe zustande gebracht hatte. Diese Gelassenheit mündete »leider Gottes« am Abend in zwei prächtige, väterliche Ohrfeigen, die ich der entrüstet wieder heimgekehrten Wallfahrerin zu verdanken hatte. Mein etwas angespanntes Verhältnis zur Wundertätigkeit der »Schwarzen Madonna« in Altötting mag auf diese Begebenheit zurückzuführen sein.

Tagsüber durfte ich der Verbündete der Mutter sein, am Abend aber verbündete sie sich wieder mit dem Vater. Am leichtesten für mich war es, der Mutter teilhaftig zu werden, wenn ich mit ihr in die Kirche ging. Da hatte ich sie für mich ganz alleine. Als Fünfjähriger, Sechsjähriger ging ich schon immer gerne mit. Mich an sie zu lehnen, meinen Kopf in ihr weiches Schultertuch zu legen, (sie hatte ihr ganzes Leben nur eines, das habe ich mir als Erbe ausbedungen), ihre Wärme zu spüren, ihren Geruch aufzunehmen, das war schön.

Während sie fromm und ernst betete, zapfte ich sie an wie ein kleines Insekt. Kein Wort von ihr zu mir, keine Geste, kein Blick. Und doch war sie für mich ganz da, spürte ich sie ganz deutlich. Bei der Beerdigung meines Vaters später saß ich neben ihr in der Kirche, da war von ihr nichts mehr zu spüren, da war sie schon weggezogen, mit ihrem Mann mitgestorben, mit ihm in den Himmel aufgefahren, der Tod scheidet die Liebe nicht.

Zärtlichkeit gab es nicht bei uns zu Hause. Bisweilen lag etwas Zärtliches in einem kleinen Lob, wenn die Stimmen der Eltern einmal nicht erzieherisch streng waren, das schon. Oder wenn mich meine Mutter früh weckte, ein leichtes Kraulen am Kopf mit drei Fingern, schon eher eine pünktlich-akkurate Pflichtübung, aber durchaus ein wenig zärtlich, es hätte ja auch grob oder kalt oder gleichgültig ausfallen können. Man konnte sich schon etwas zusammenreimen.

Die drei Kreuzlein, die sie mir beim Verlassen des Hauses mit Weihwasser auf Stirn, Mund und Kinn zeichnete, waren zärtlich, auch wenn man sich diese Zärtlichkeit mit unserem Herrn Jesus Christus teilen musste, dem diese ja auch galten.

Als Achtjähriger hatte ich meinen von ihr gestrickten Lieblingspullover restlos zerschlissen. Er war, aus Wollresten in vielen unterschiedlichen Farbstreifen gestrickt, mein ganzes Glück. Ich war traurig und meine Mutter strickte mir einen ganz ähnlichen größer nach. So viel Wolle, so viel Weichheit, so viel Farbe, so viel Zärtlichkeit. Den alten Pullover wollte ich nicht hergeben. Manchmal zog ich den schlechten unter den guten und freute mich über das Doppelglück.

Als ich vierzehn war, gab es bei uns in Waldram noch kaum Tanzschulen. Meine Mutter brachte mir das Tanzen bei, sie war eine gute Tänzerin. Es gab für sie nur zwei Tänze damals: Polka und Walzer. Aus beiden Tanzschritten mixte ich mir später einen etwas eigenwilligen Foxtrott-Schritt zusammen und bestritt damit alle Partys, Diskobesuche und Faschingsbälle meiner Jugendzeit. Die ersten Tanzschritte aber lernte ich von meiner Mutter.

Die mütterliche Nähe beim Tanzen war für mich ungewohnt und in diesem Alter auch schon ziemlich peinlich. Ich wich meiner Mutter aus. Sie monierte das. »Du musst mich fester nehmen, du musst mich führen«, sagte sie und zog mich an sich. Mir wurde eng und heiß. Aber ich musste da durch, ich wollte tanzen lernen, der Mädchen wegen.

Auf den Partys beim Tanzen dann wurde es ebenso eng und körpernah. Wir tanzten ungeniert eng umschlungen mit den Mädchen, manche durfte man auch küssen, es hatte nichts zu bedeuten. Die, die ich überhaupt als Erste geküsst habe in meinem Leben, traf ich neulich, bei Rewe an der Kasse stehend, nach fünfzig Jahren zufällig wieder: »Mensch, du bist doch die Christel, Mensch, du warst die erste Frau in meinem Leben, die mich geküsst hat.« Sie lachte hell auf, umarmte mich kurz und war schon wieder verschwunden. Es war alles wie damals, es hatte nichts zu bedeuten, es war alles nur ein Spiel.

Einiges an mütterlicher Aufmerksamkeit konnte ich auf mich ziehen, weil ich der Erste in der Familie war, der aufs Gymnasium ging. Mein Vater war strikt dagegen gewesen, der Lehrer und meine Mutter aber dafür. Der Bruder meiner Mutter hatte in Prag Medizin studiert, sie wusste, dass Bildung etwas Wertvolles war, dass man höher klettern konnte damit. Wenn ich dann lange, strapaziöse Deutschschulaufgaben schreiben musste, kaufte mir die Mutter ein Päckchen weißen Traubenzucker für die ihrer Meinung nach unerlässliche Energiezufuhr während der Prüfung. Keines meiner Geschwister bekam je Traubenzucker, auch Mitschüler habe ich nie damit gesehen. Nur ich hatte Traubenzucker, ich war etwas Besonderes, auf alle Fälle, und der Deutschunterricht war vermutlich auch aufgrund dieses sagenhaften »Dextro Energen« mein Lieblingsfach. Obwohl eher ungeduldig und faul in der Schule, drehte ich keine »Ehrenrunde«, weil ich meine Mutter nicht enttäuschen wollte, all der Traubenzucker sollte nicht umsonst gewesen sein. Auch heute noch, an schlechten Tagen, kaufe ich mir Traubenzucker, schenke auch manchmal den Enkelkindern welchen. Die freuen sich schon, wissen aber nichts Rechtes damit anzufangen. Ihre Eltern verdrehen hinter meinem Rücken wahrscheinlich die Augen. Vielleicht werden meine Enkelkinder später einmal über mich sagen: Besonders zärtlich war er nicht zu uns, der Großvater, aber so komischen, ungesunden Traubenzucker hat uns der immer mitgebracht. Liebe ist manchmal ein Traubenzucker.

Ich wohnte lange bei meinen Eltern, überlange. Manchmal dachte ich, für meine Mutter der bessere Mann zu sein, sie beschützen zu müssen, und vielleicht dachte meine Mutter reziprok. Als sich die ersten Mädchen für mich interessierten, unterband meine Mutter alles, was sie unterbinden konnte. Klingelte eines der Mädchen an der Haustür, schickte es meine Mutter mit erfundenen Ausreden kurzerhand weg: Er muss lernen, er muss Cello üben, er ist nicht da. Wusste sie mich bei einem der Mädchen, schickte sie mir bald meine kleine Schwester hinterher, um mich heimzuholen – sie, die Arme, die früher so oft ihren Vater aus dem Wirtshaus holen musste.

Als meine Freundin und dann spätere Frau »aus Versehen« schwanger wurde, sie war gerade erst achtzehn, ich einundzwanzig, und sich mein Auszug aus dem Elternhaus nur sehr langsam und zögerlich gestaltete, sagte meine Mutter zu mir: »Josef, jetzt probierst dus mal, und wenns nix is, dann kommst einfach wieder heim.«

OKTOBERFEST

Zufällig waren wir beide am gleichen Abend auf dem Oktoberfest gewesen. Ich saß bereits in der S-Bahn, als der Vater in den gleichen Waggon einstieg, mich kurz, etwas überrascht, etwas unsicher auch, aber nicht unfreundlich, grüßte, dann aber an mir vorbeiging, wiewohl ja alle Sitzplätze um mich herum frei gewesen wären, und erst im nächsten Zugabteil Platz nahm. Beim Umstieg in den Bus wiederholte sich das kleine, schaurige Schauspiel in vertauschten Rollen. Diesmal saß mein Vater schon im Bus, während ich mich stumm an ihm vorbeischob. Beiden war uns das alles wohl peinlich und unangenehm, trotzdem schien es uns der einzig mögliche Weg zu sein und jeder flüchtete, fast könnte man auch sagen verkroch sich, auf seinen Einzelplatz. Die letzte gefährliche Klippe, die es zu umschiffen galt, war der fünfminütige Fußweg von der Busstation hin zum Elternhaus. Ich wählte den kürzeren Weg quer über die B 12, der Vater nahm den Umweg durch die Unterführung und sicherte sich so einen etwa dreißig Meter betragenden Rückstand, der ausreichte, mit dem Sohn bis zur Haustür kein Wort mehr wechseln zu müssen.

An der Haustür angekommen, schmolz mein kleiner Vorsprung durch das Heraustastenmüssen des Haustürschlüssels aus dem immer nur angelehnten Flurfenster und das Aufsperren der Tür, was uns beiden die etwas versöhnliche, aber auch notgedrungene Pflicht eines kurzen »Gute Nacht« abforderte. Beide waren wir froh über diesen wortstummen »Umgangston« und dem anderen nicht böse, wir hatten Angst voreinander. Es schien für uns beide das Beste zu sein.

LETZTER BLICK MEINES VATERS

Der letzte Blick, den mein Vater auf mich richtete, währte eine Ewigkeit. Er, der, wenn er sich mit mir unterhielt, Kopf und Oberkörper immer auf die Seite drehte, um mir nicht in die Augen schauen zu müssen, er schaute mich so unglaublich lange an, so unglaublich lange. Seine Augen ruhten auf mir, sein Blick ruhte auf mir aus. Das Licht in seinen Augen war schon im Erlöschen, war müde und fahl geworden, doch er selbst war hellwach. Ich wusste sofort Bescheid: Er wollte mich noch einmal anschauen, bevor er ging.

Als meine Schwester Hildegard an seinem Lebensende eine Nacht an seinem Bett zubrachte, weckte er sie aus dem Schlaf. Sie: »Papa, was brauchst denn?« Er: »Nur anschauen will ich dich.«

Ein letzter Blick als Wegzehr für die lange, weite Reise ins Jenseits.

JEDER IST WER

Bei einer Familienaufstellung stellt man seine Familie auf, seine derzeitige oder die Herkunfts-, die Ursprungsfamilie. Ich begann mit dem Ursprung. Meine beiden Großväter waren vom Schicksal schwer beladen, zu schwer beladen. Irgendwann wurde es ihnen noch vor der Zeit zu viel, sie legten ihre schweren Lastsäcke ab und ergaben sich einem frühen Tod. Der eine trank sich an seinem fünfundsechzigsten Geburtstag ins Jenseits, da wird er es an seinem Sterbetag zumindest noch einmal lustig gehabt haben. Der andere schoss sich mit seinem Jagdgewehr mitten ins Herz, aus unglücklicher Liebe zu einer am Hof sich verdingenden Magd. Herzblattschuss.

Mein Großvater,
der heimlich die junge Magd liebte,
die ihm die müden Bauernfüße streichelte,
bevor sie nach Wien wegging, für immer,
hatte noch einen Veilchenstrauß im Rucksack für die Magd,
die für immer wegging,
ohne Veilchenstrauß,
der im Rucksack lag,
als mein Großvater
mit fünfundsechzig Jahren,
ohne noch den Veilchenstrauß der Magd zu geben,
mit seinem Jagdgewehr ins Herz sich schoss,
und sein Blut Rucksack und Veilchenstrauß rot tränkten,
und sich mein Großvater
im Schall und Rauch eines Herzblattschusses
seiner Liebe vergewisserte,
die nur der Magd galt,
aber nicht meiner Großmutter,
die heimlich nur meinen Vater liebte,
der auch mich nur heimlich lieben durfte,
und umgekehrt,
und umgekehrt.

Früh vaterlos also meine Mutter und mein Vater, und ohne es zu ahnen, dürften sie sich zu einer Schicksalsgemeinschaft zusammengeschlossen haben. Über beide Selbstmörder wurde kaum gesprochen, galt doch die selbstbestimmte Gestaltung des eigenen Lebensendes damals wie heute in Kirche und Gesellschaft als große, schwere Sünde und warf bedenkliche, düstere Schatten auf die Familien der Hinterbliebenen: »Kinder, machts uns koa Schand!« Ich stellte sie also auf, meine »Altvorderen«.

Bei einer Familienaufstellung stellt man die Schar der Blutsverwandten vor sich auf, so wie früher beim Vater-Mutter-Kindspiel vielleicht: Du bist die und Du bist der und ich bin die Mutter, du der Vater. Oder so, als ob man die Weihnachtskrippe aufgestellt oder Zinnsoldaten zur Schlacht formiert hätte. Allerdings stellt man die Familienkonstrukte mit echten, lebenden Menschen

Mein Großvater Alois Brustmann sen. (1), mein Vater Alois Brustmann jr. (2) und meine Großmutter Mathilde Brustmann (geb. Wozulek) (3)

nach, für jedes Familienmitglied sucht man sich aus der Reihe der anwesenden Aufstellungsteilnehmer einen Vertreter, der einem aufgrund seiner Platzierung wundersamerweise frappierende Auskünfte über unbewusste, tiefe Lebenszusammenhänge und Familienarchitekturen zu geben vermag.

Und dann steht sie vor dir, deine Verwandtschaft, stehen sie vor dir, die Lebenden wie die Toten. Ein Gruppenbild, ein sprechendes Gruppenbild, dass dir Hören und Sehen vergeht und das gleichzeitig erkenntniswild aufleuchtet und aufblüht.

Warum das so ist, wie das »funktioniert«, weiß man nicht genau, jedoch entsteht dabei ein Familiengesamtbild, das die Verstoßenen, die schwarzen Schafe, die Tabuisierten, die Allzuunglücklichen, die Allzufrühgestorbenen, die Trinker, die Looser, die armen Seelen der Familiensippe wieder in den Familienkreis treten lässt und ihnen einen gebührenden Platz in der Familienrunde zuerkennt. Es ist befreiend, sich diesen Anverwandten ohne Wertung zu nähern, sich würdevoll vor ihrem Schicksal zu verneigen, sich selbst und den eigenen Stammbaum kräftigend.

Es lohnt, sich diese Gesellschaft, dieses »Raritätenkabinett« gut anzuschauen. Ob man will oder nicht, insgeheim trägt man sie alle mit sich herum. Und gerade die, die am besten versteckt und verräumt wurden, machen sich zentnerschwer im eigenen Lebensrucksack, mischen sich ein und »geistern« einem durch das Leben, oft genug schweren Schaden anrichtend. Dabei ist die Leidensspur gut verwischt und begreift man die schwere, dunkle Bürde dieses »Rucksacks« immer erst, wenn man ihn durch glückliche Fügung absetzen durfte, oder ein bisschen hineinschauen, um die Familiengeheimnisse »auszulüften«.

das tempolimit weit überschritten
die tachonadel in meinem herzen
zittert
wild haste ich durch ungestüme zeit
zitternd
schon meine großväter waren selbstmörder
ihre schatten gehen durch mein leben
schwarze fußstapfen zweier rußmänner
im kaltgefrorenen schneeweißen schnee
uns ist kalt
ein wenig wärme spendet uns das gefühl
einen großen schlitten zu ziehen
gemeinsam
er ist leer

Lange Zeit hatte ich es schwer mit meinem Vater und er es mit mir nicht minder. Sicherlich, als kleiner Junge war er für mich der große, lebensspendende, unangefochtene Familienkönig, geliebt und gefürchtet. Aber da gab es kaum Zärtliches, kaum Bejahendes, kaum Lobendes, nichts Förderndes. Und dann später, von mir, dem heranwachsenden Jugendlichen hinterfragt und herausgefordert, rettete sich mein Vater ins Stumme oder Handgreifliche und so erlosch nahezu alle Liebe. Erlebt habe ich ihn trotzdem in all seiner Freundlichkeit, Gastfreundlichkeit vor allem. Wenn er mit Freunden zusammensaß und lustig sein, fröhlich sein, sehr humorvoll sein konnte, den Gästen selbstgemachten Wein anbot und ihnen zuliebe als Nichtraucher eine Zigarette mitqualmte, ungeschickt, anrührend linkisch. Und da stand er nun, der von mir aufgestellte Vater. Vom Leben schwer gebeutelt, früh den eigenen Vater verloren, früh den Bauernhof übernehmend, früh in den Krieg gezogen, spät wieder heimgekehrt. Heimgekehrt aus der Gefangenschaft zu Fuß, denn zu Fuß geht man, wenn man aufs falsche Pferd gesetzt hat, »heimgekehrt« als Kriegsverlierer in eine neue, fremde Heimat, und da waren ihm schon die Mutter gestorben und zwei seiner Kinder.

Ich habe ihn aufgestellt, meinen Vater, und hinter ihn seinen eigenen Vater mit verblutendem Herzen. Und da stand er allein, schutzlos und bedürftig, so allein, schutzlos und bedürftig, wie ich es selbst nie gewesen war; und da war endlich ein Mitfühlen mit ihm und all seinem Unglück. Sicher wusste ich vieles aus seinem Leben, aber ich wusste es nur im Kopf, bis in die tiefere Herzgegend, in die Spürgegend war das alles nicht vorgedrungen, merk- und denkwürdigerweise. Von da an habe ich ihn sehr geliebt, meinen Vater. Und von da an spürte er meine vorwurfsfreie, unverstellte, bedingungslose Zuneigung und erwiderte sie mit kleinen, schüchternen Zeichen. Aber lange noch schlugen unser beider Köpfe bei der Umarmung hart aufeinander vor lauter Ungeübtsein. Als er für immer ging, gingen wir beide mit einer »blütenreinen Weste« auseinander, alles Finstere hatte sich aus dem Staub gemacht, war verziehen, nicht vergessen.

kurz bevor sich der sargdeckel über meinem vater
für immer schloß
entfernte meine älteste schwester
das goldene sängerbundabzeichen von seinem revers
und gab es meiner mutter,
die es an meine zweitälteste schwester weiterreichte
die es dann mir in die hand legte
und ich die anstecknadel bei mir behielt
wiewohl ich sie auch an meine jüngste schwester
oder die älteren brüder hätte weiterreichen können
und ich, die anstecknadel, bei mir behaltend,
einwilligte in eine unausgesprochene nachfolge,
die ehre, auftrag und bürde war zugleich,
den toten vater in meinem lied am leben zu erhalten
all dies einem staffellauf gleichkommend
bei dem der vorläufer zwar gestürzt
den stab aber im fallen noch
an den nächsten weitergegeben hatte

NÄHRUNG

Wie ernährt man nach einem verlorenen Weltkrieg und einem Hinausgestoßenwerden aus seiner Heimat eine neunköpfige Familie? Schon als Soldat hatte mein Vater einen Sanitätskurs gemacht, jetzt, nach dem Krieg, hatte er plötzlich als Sanitäter eine Anstellung im Münchner Schlachthof gefunden. Was für ein Glück. Im Schlachthof gab es alles Überlebenswichtige: Fleisch, Wurst, Milch, Häute, Därme, Blut. Und alles war hier sehr billig zu haben. Zudem mochten die Metzger dort meinen Vater. Deren größte Angst damals: nach einer Verletzung in ein Krankenhaus eingewiesen werden, krank geschrieben werden. Schneller, als man wieder gesund war, konnte der wertvolle Arbeitsplatz verloren sein. Arbeitslossein war das Schlimmste. Und so schrieb mein Vater die von Schlachtermessern oder Kuhhörnern malträtierten Metzger möglichst nicht krank, sondern versorgte sie umfänglichst ambulant in seinem Salben- und Pflasterhäuschen am Eingangstor des Münchner Schlachthofs, Zenettistraße 9. Tagelang kamen die Verletzten in seine Amtsstube und ließen sich von ihm »verarzten«, der weiße Kittel, den er trug, wirkte vertrauensbildend.

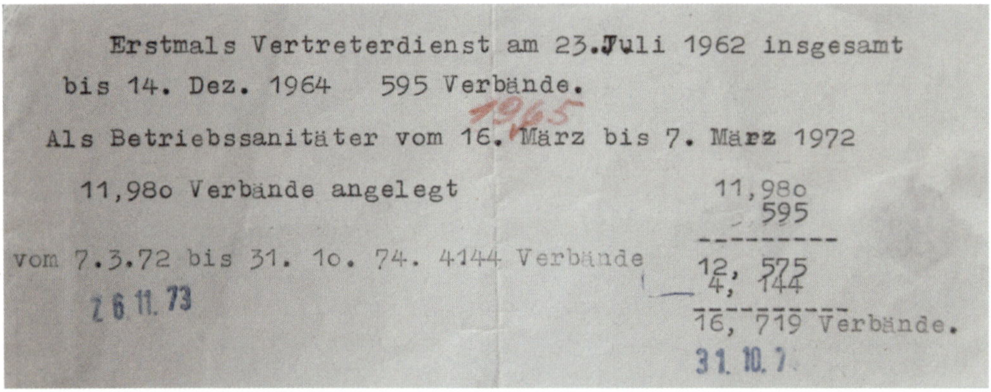

Erstmals Vertreterdienst am 23.Juli 1962 insgesamt
bis 14. Dez. 1964 595 Verbände.
1965
Als Betriebssanitäter vom 16. März bis 7. März 1972
11,98o Verbände angelegt 11,98o
595
----
vom 7.3.72 bis 31. 1o. 74. 4144 Verbände 12, 575
4, 144

16, 719 Verbände.
26.11.73
31.10.7

Schlussabrechnung meines Vaters Alois Brustmann im Schlachthof München (»11,980 Verbände angelegt«)

Die Metzger kamen in weißen, blutverschmierten Plastikschürzen, in deren großen Außentaschen sie meist eine freundliche Gegengabe für meinen Vater versteckt hielten: ein Herz, eine Lunge, eine Leber, eine Rinderzunge. Die Dankbarkeit der Metzger war so groß, dass ein reicher, fleischlicher Nahrungssegen auf unsere Familie niederging. All die für Nachkriegsmenschen unglaublich raren Kostbarkeiten wurden an uns Kinder verfüttert. Wie kleine Raubtiere wurden wir an alles gewöhnt, von Sauschwänzen bis hin zum Rinderhirn oder einem kompletten Schweinskopf, der einen müde und vorwurfsvoll aus dem riesigen Kochtopf der Mutter anglotzte. Wir hatten echt Glück. Oft fiel der Fleischsegen so gewaltig aus, dass mein Vater nach der Arbeit Fleisch und Würste portionierte, auf unserer Küchenwaage abwog, um das Zuviel an Ware an gute Freunde zu freundlichen Preisen weiterzuverkaufen. Ein schöner, kleiner Schwarzmarkt, und meist waren mit der Fleischübergabe ein, zwei Gläser Wein, eine Zigarette, ein lustiges Zusammensitzen verbunden, das gesellschaftliche Nachkriegsleben meines Vaters hatte sich günstig gestaltet. Die Mutter blieb zu Hause und ordnete alles Kindergeschehen für die Nacht. So waren die Welten meiner Eltern klar getrennt, seine Pflichten und Aufgaben jedoch erfüllte ein jeder zur Übergenüge. Anlass zum Streit war meist nur das wenige Geld, mit dem man auskommen musste.

Nach Dienstschluss zog es meinen Vater in die nahegelegene Münchner Großmarkthalle. Er kannte alle Händler und alle Händler kannten ihn. Mein Vater hatte Charme und Humor und war mit seinen sieben Kindern, die er sich jederzeit heraushängen ließ, etwas Besonderes. Man machte ihm günstige Preise oder überließ ihm kostenlos schadhafte Ware, grasgrüne Bananen zum Beispiel, die er in unserem Keller zum Nachreifen in einen Strohsack stopfte. Immer wieder schlichen wir Kinder dann zum Strohsack hin, immer wieder tasteten unsere blinden Hände im dunklen, spröden Stroh und fanden vielleicht im hintersten Sackzipfel noch eine reife Banane. Der Strohsack, eine riesige Wundertüte.

Mein Vater nahm von den Händlern, was er günstig bekommen konnte. Bepackt wie ein Lastesel, schleppte er seine Beute zur Isartal-Bahn und fuhr nach Wolfratshausen. Dort stand sein Fahrrad. Weiter nach Waldram hätte er auch den Bus nehmen können, die vier Kilometer, aber das hätte zusätzliche Kosten verursacht. So lud er Taschen und Obst- und Gemüsesteigen aufs Rad, oft genug schob er es nach Hause, weil ans Fahren ob der Überlast nicht zu denken war. Die Ankunft des Vaters war für uns Kinder immer eine Sensation. Wir liefen ihm und seinem Fahrrad entgegen und noch ehe er an der Haustür absteigen konnte, taxierten wir schon seine Taschen und Obststeigen und schätzten unser Glück ab. Kaum vom Rad gestiegen, wischte sich mein Vater kurz den Schweiß von der Stirn und warf sich zusammen mit unserer Mutter in die nächste anstehende Arbeit. Schadhaftes Obst wurde sorgfältig ausgeschnitten, zu Kompott verarbeitet oder eingeweckt, ebenso das Gemüse, alles wurde aufs Gewissenhafteste verwertet. Spannend und überspannend wurde es, wenn der Vater Därme, Blut und größere Fleischtrümmer mitbrachte. Letztere wurden durch den Fleischwolf gedreht, mit Blut in einem großen Topf zusammengerührt, gut gewürzt und aufgekocht, und dann aber ging es richtig los, Spannung, Hochspannung. Das sogenannte Wurstbrät wurde in eine riesengroße Feuerwehrspritze, hätte ich fast gesagt, eingefüllt, und also jetzt erst ging es zur Sache. Halt, noch nicht! Erst wurde über die Spritzentülle ein langer Darm gestülpt, ein Schweine- oder Lammdarm musste es unbedingt sein, genau, und aber jetzt ging es richtig los: Wer hält die Spritze? Wer hält den Darm? Wer drückt wie fest auf die Spritze und wer hält den Darm nicht zu fest und nicht zu schwach und auf genau idealer Höhe? Und bald platzte der Darm, der jetzt aber schon eine Wursthaut genannt werden darf, und alles Brät spritzte in hohem Bogen über die Wursthaut hinaus, in hohem Bogen schoss alles über das gemeinsam gesteckte Ziel einer Wursterzeugung hinaus und Riesentamtam gleich: »Kannst du nicht« und »Du sollst doch« und »Hab ichs nicht gesagt« und »Immer weil du« und »Hätt ich doch nur«. Und dann doch wieder ein sich Zusammenraufen und die aufgeplatzte Wursthaut mit einer Spagatschnur schnell abgebunden wie bei einem schwer verunfallten Motorradfahrerfußabriss und sofort eine neue Haut auf die Tülle geschoben und »Pass jetzt aber wirklich besser auf« und »Ich mach nicht noch mal« und patsch, schon wieder dieses Aufplatzgeräusch und grobe Worte in der Luft.

Wenn man dann anderntags in den Keller ging, lagen ruhig-schön die guten Würste in der Reine, wie wenn nichts gewesen wär, rote Blutwürste und die helleren Leberwürste ohne Blut, die mochte ich lieber, und wenn es dann mehrere Tage hintereinander immer nur diese Würste gab, zum Mittagessen, zum Abendessen, immer nur rote und weiße Würste, mit Kraut, Linsen, Knödeln oder Kartoffeln, so war es uns Kindern und auch den Eltern gerade recht und schmeckten sie dunkel angebraten jeden Tag aufs Neue wie ein Paradies, und mittags gebraten und abends noch mal aufgewärmt schmeckten sie am allerbesten und macht mir heute keiner mehr so eine wunderbare Wurst, die geschmeckt hat wie ein Himmelreich, vielleicht auch, weil sie so hart erkämpft war von den Eltern und ihrer Anspannung und ihrer letztlich doch so großen Meisterschaft, wie ja auch der Sieg einer Fußballmannschaft immer am glorreichsten ist, wenn nach dem Schlusspfiff alle halbtot und heiser geschrien umfallen, obwohl sie gerade einen so großen Sieg davongetragen haben und dieser Sieg aber noch tagelang in den Siegern nachglüht, so wie unsere selbstgemachten Blut- und Leberwürste in unseren glücklichen Kindermägen. So und nicht anders ernährt man eine neunköpfige Riesenfamilie.

STROMZEIT

Der Strom kam erst im Jahr 1925 nach Kodau, im November. Ab November 1925 erhellte in jedem Bauernhaus am Abend eine einzige Glühbirne die Stube, nur eine einzige Glühbirne (was für ein wunderschönes Wort) gab es für jedes Haus. Vorher war es nur ein Gasstrumpf gewesen, der Licht gab, bei den ganz Armen lediglich schwarz rußende Talgkerzen.

Meine Mutter hat davon erzählt, von diesem ihrem größten Kindheitswunder, als der Vater, natürlich der Vater, zum ersten Mal den schwarzen Bakelitschalter nach rechts drehte und nur ja nicht nach links und in der guten Stube das Licht zu tanzen begann, alle Stoffe weich wurden, sich auf alles Metallene ein feiner Schimmer legte und Menschen, Tiere und Gegenstände mit einem großen, umrissscharfen Schatten versehen waren. Noch lange soll die Großmutter den Drehschalter nicht mit bloßer Hand angefasst haben, nur immer mit ihrer Kittelschürze, so groß war die Angst vor dem Strom, vor dem Stromschlag, vor der nicht zu kapierenden, geheimnisvollen Elektrizität gewesen. Einer ihrer Brüder war leblos inmitten dreier toter Kühe aufgefunden worden, mit schwarz verkohlten Kopf-, Brust- und Schamhaaren. Überlebt hatte er knapp, aber der Blitz kam vom Himmel, kam von Gott, und der Strom schien etwas ähnlich Überirdisches, Unberechenbares zu sein.

Wenn Jahrzehnte danach meine Mutter zum erst ganz spät ins Haus gekommenen Telefon eilte, natürlich eilte, es war ja immer etwas Wichtiges, musste ja etwas immens Wichtiges sein, und sie den Telefonhörer in die Hand

Bauernhof von Mathilde Wozulek (mit neuem Strommast)

nahm, so geschah auch das stets mit größtem Respekt und großer Vorsicht. Nie nahm sie den Hörer mit der ganzen Hand, immer nur fast wie vorläufig mit drei Fingern und nie, ohne sich vorher die Hände an ihrer Küchenschürze abgewischt zu haben. Mit etwas zu hoher, dünner Stimme kam dann das »Brustmann« aus ihrem Munde, schüchtern und verwundert darüber, dass da auf der anderen Seite der Leitung tatsächlich ein Mensch war, der auch sprechen konnte und der auch noch mit genau ihr sprechen wollte.

Wer mir beim Umgang mit meinem iPhone zusieht, wird ähnlich ungeschickte, unsichere, respektvolle Handhabe entdecken, und lange noch gelang es mir nicht, mit dem iPhone zu fotografieren, ohne dabei instinktiv das linke Auge zuzudrücken.

Während ich das niederschreibe, im schönen Münsinger Café Central sitzend, spielt neben mir ein vierjähriger Junge mit dem Smartphone seiner Mutter. Das Kind ist völlig verzaubert und weggetreten. Es kann schon viel, viel mehr als ich. »Wer hat euch dieses englische Lied beigebracht?«, frag ich meine Enkelkinder. Die Antwort, aus einem Munde: »Das iPad.«

Wenn ich in München durch den Elektrogroßmarkt Saturn-Hansa gehe, ist mir ein Großteil der dort angebotenen Dinge völlig fremd und es verwundert mich, dass ich überhaupt noch ein relativ normales, gültiges Leben führen kann. Ähnlich mag es meiner Mutter ergangen sein, die, gut umsorgt von ihren außenherumwohnenden Kindern, sicherlich dreißig Jahre nicht mehr zum Einkaufen in einen Discounter gegangen war. Völlig überrascht und geplättet vom riesigen, unüberschaubaren Angebot, kaufte sie sichtlich eingeschüchtert ein kleines Gläschen Langnese-Honig. Langnese, diese Marke kannte sie noch.

Als ich Martin Walser zum dreiundachtzigsten Geburtstag ein paar Lieder sang, warf er einen Satz in die Runde, den er in seinem neuen Buch »Ankunft eines Sohnes« zitieren wollte; mehrere kluge Germanisten hätten ihm keine Auskunft geben können. Der damalige Leiter des Literaturhauses in München zog sein Blackberry aus der Tasche, schickte den Satz in die Suchmaschine und sagte nach wenigen Sekunden mit betont neutraler Stimmgebung, die aber auch Triumphierendes zu verdecken suchte: »Shakespeare.« Martin Walser war froh, wenngleich ein wenig ungläubig, ein wenig entsetzt auch und angewidert fast. Er spürte, die Bildungslücke war auf einen Schlag ausgestorben, Bildungs- und Wissensaneignung der Trifftigkeitsgrund entzogen.

Wenn ich meinen Sohn nach der Uhrzeit frage, schaut er auf sein iPhone. Er besitzt keine Uhr. Auch ich besaß mit fünfunddreißig Jahren noch keine Uhr. Meine vergoldete Firmungsuhr, eine Uhr der Marke Junghans, hatte mein Vater konfisziert, weil er mir den verantwortlichen Umgang mit dem teuren Geschenk nicht zutraute. Diese Uhr tauchte lange nicht mehr auf. Erst als mein Vater in hohem Alter vergesslich wurde und nicht mehr wusste, woher er die Uhr hatte, trug er sie. Ich wunderte mich gar nicht.

Mit fünfunddreißig hatte ich dann meine zweite erste Uhr und mein inneres Perpendikel, meine innere Unruh, sie stand sofort still. Mit dieser neuen Uhr setzte eine äußere Unruhe ein und verließ mich nie mehr wieder.

Die Uhren um mich herum haben sich seitdem wundersam vermehrt und überwachen mich lückenlos. Armbanduhr, Küchenuhr, Wohnzimmeruhr, Badezimmeruhr, Schlafzimmerwecker, die Uhr im Computer, im Laptop, im Handy, im Auto, der Nachrichtensprecher im Fernsehen und der Radiosprecher halten mich zeitmäßig auf dem »Laufenden«, die Uhr am Ickinger Kirchturm, ich brauche bloß zum Fenster rausschauen, und die Uhren unten am Bahnhof. Alle messen sie die Zeit so selbstverständlich und gewissenhaft. Wie nur wieder zeitlos werden, dass die Zeit wieder sanft dahinfließt, wie ein Fluss, der einen gütig trägt? Unzerhackstückt. Vielleicht sollte man sich eine »Standuhr« kaufen, sie stehen lassen, sie nicht aufziehen.

Wenn ich etwas wacher gewesen wäre beim Tode meines Vaters, dann hätte ich ihm meine »Junghans« in den Sarg gelegt. Die Uhr wäre noch zwei Tage weitergelaufen, die Unruh wäre noch zwei Tage weitergerannt, hätte dann endgültig Ruhe gegeben und sich zu meinem Vater schlafen gelegt. Mensch und Uhr nebeneinander schlafend, endlich zeitlos, endlich frei.

der schlaf kommt zu mir ich erwarte ihn
ich freue mich
noch ist er nicht da wenn er kommt
fasst ihn mein gefühl nicht
aber im untergefühl meiner seele
schiebt sich der riegel zurück zum brothaus
und wie die märchen einer ganzen welt
senkt sich ein blaugrünes auf mich herab
und deckt mich zu
und deckt mich zu
wie ein heu

KRIEG UND FRIEDEN

Der Krieg ist mir nicht mehr begegnet, aber ich habe ihn als Kind noch »gerochen« und sein letztes Vibrieren gespürt. Bis zu ihrem Lebensende bunkerten meine Eltern in ihrem Keller Einweckgläser und Sandsäcke, immer für einen neuen Krieg gerüstet. Die Kubakrise machte unsere Eltern so ernst, besorgt und nervös, dass wir Kinder instinktiv sofort Bescheid wussten, ihre Angst wittern. Der Heimatverlust wurde meinen Eltern zum ewigen Trauma und lehrte uns Kinder, das Leben mit Krieg und Frieden zusammenzudenken. 1918, nach dem Ende des Ersten Weltkriegs, wurden die österreichischen Markgrafschaften Böhmen und Mähren von den Siegermächten der Tschechei zugeschlagen. Die bis dahin tonangebenden, deutschsprachigen Österreicher wurden plötzlich zur gegängelten Minderheit, und so war der Wiederanschluss an das große, ursprünglich tausendjährig angedachte Reich Adolf Hitlers entsprechend bejubelt, jetzt war man wieder »obenauf«. So hoch hob man die Rechte zum Gruß und so freudig zustimmend, dass dieser Jubelchor nach dem Ende des Zweiten Weltkrieges von Russen und Tschechen entsprechend bestraft und mit Vertreibung aus dem heimatlichen Paradies vergolten wurde. Alle Volksdeutschen, also auch meine Eltern, wurden vertrieben, entheimatet. Immerhin hatte man seine eigene Haut gerettet, auch wenn der Soldatentod ihres Bruders meiner Mutter eine lebenslange, fassungslose Trauer ins Herz schrieb.

Insgesamt fühlten meine Eltern sich nach dem Krieg deshalb mehr als Opfer denn als Täter. Man hatte alles verloren und hatte sich, in abgelegenster, bäuerlicher Dörflerei lebend, ohnehin kein rechtes Bild und keinen Begriff von Hitlers unglaublicher mörderischer Brutalität machen können. Mitgegangen, mit-

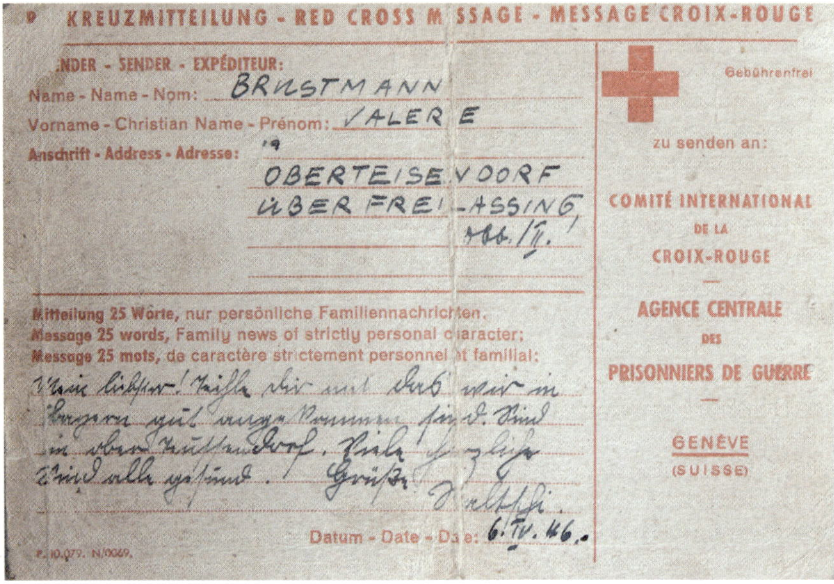
KREUZMITTEILUNG - RED CROSS M SSAGE - MESSAGE CROIX-ROUGE

NDER - SENDER - EXPÉDITEUR:
Name - Name - Nom: BRUSTMANN
Vorname - Christian Name - Prénom: VALERIE
Anschrift - Address - Adresse: 19 OBERTEISENDORF ÜBER FREILASSING, Obb. / Ii.

Gebührenfrei

zu senden an:

COMITÉ INTERNATIONAL DE LA CROIX-ROUGE

AGENCE CENTRALE DES PRISONNIERS DE GUERRE

GENÈVE (SUISSE)

Mitteilung 25 Worte, nur persönliche Familiennachrichten.
Message 25 words, Family news of strictly personal character;
Message 25 mots, de caractère strictement personnel et familial:

Datum - Date - Date: 6. IV. 46.

P. 10.079. N/0069.

Rotkreuz-Nachricht meiner Mutter Valerie Brustmann
an ihren Mann, Alois Brustmann
»Mein Liebster! Teile dir mit, daß wir in Bayern gut angekommen sind. Sind in Oberteisendorf. Sind alle gesund. Viele herzliche Grüße. Waltschi (Valerie)«

Společnost ... -2. XI. 1945
DEMOKRATSKA FEDERATIVNA JUGOSLAVIJA
Dopisnica ratnog zarobljenika
Correspondance des prisonniers de guerre
Kriegsgefangenenpost

Pošiljalac / Expéditeur / Absender: Alois Brustmann
Zarobljenički broj / No. du prisonnier / Gefangenennummer: 236094
Bataljon: 236
DEMOKRATSKA FEDERATIVNA JUGOSLAVIJA

Za / A / An: Frau Valerie Brustmann
Zanimanje / Profession / Beruf: Bäuerin
Mesto / Lieu / Ort: Kodau Nro 5 Post-Misslitz
Ulica / Rue / Gaße: Kreis Znaim
Država / Etat / Land: Czechoslowakei.

Rotkreuz-Nachricht meines Vaters an meine Mutter
»Herzliebste. Grüße Dich herzlich und teile Dir mit, daß ich in Gefangenschaft bin. Arbeite in der Landwirtschaft, wo ich gesund bin, was ich auch von euch hoffe. Bin in Weiskirchen als Fassbinder beschäftigt. Will hoffen, dass wir uns bald wiedersehen können. Mit vielen herzlichen Grüßen an Dich, Waltschi und unseren lieben Kindern, wie meiner lieben Mutter und Deiner, von Deinem Loisl.«

gefangen, mitgehangen. Und wie froh und dankbar man dann war, in Oberbayern ein neues, fast noch schöneres Paradies gefunden zu haben, als es die böhmisch-mährische Heimat gewesen war. Und doch wurde eines zum großen Thema für mich im Heranwachsen: Bei aller christlicher Nächstenliebe, die die Kirche und der Glaube meine Eltern gelehrt hatte – nie gab es auch nur eine Spur von Einfühlen, von Bedauern, von Betrauern dieser unzähligen, zum Himmel schreienden (zu wessen Himmel möchte man da fragen) Schicksale all dieser jüdischen Familien, all dieser Sinti- und Romafamilien, all dieser widerständigen Kommunisten, Sozialisten, Anarchisten, Intellektuellen, Homosexuellen.

Alles verwerfliche, unmoralische, gottlose, bestialische Unrecht der frei gewählten deutschen Führerschaft, ihrer Helfer und Mitläufer war einfach zu erdrückend, um auch nur einen kurzen Blick darauf werfen zu können. Immer nur wegschauen, wegschauen, nur nicht hinschauen; die ganze Welt könnte wie ein großes Lügengebäude über einem einstürzen; alles falsch, alles falsch gemacht haben, alles falsch sein. Nichts, gar nichts mehr gültig. Und wie brauchte man doch überlebensdringlich Gültiges, Glaubhaftes, um wieder aufstehen und weitergehen zu können. »Und haben nicht die Juden unsern Herrn ans Kreuz genagelt«, predigte der Pfarrer in der Kirche auch noch nach Kriegsende und wusch damit seine Lämmlein rein, die stillbravfroh den blutrünstigen Mörderwolf wieder in sich wegsperrten.

Wir Nachkommenden spürten, da ist etwas nicht richtig, da stimmt etwas nicht, da ist etwas grundfalsch. Wir Dazwischengeworfenen sind nicht die besseren Menschen, aber die Schuld unserer Eltern legte sich mit unsichtbarer Bleischwere auf uns. Wir mussten ein lebbares, moralisches Gleichgewicht finden, mussten Widerstand lernen, Widersprechen lernen, mussten lernen hinzuschauen, sehen lernen, wozu der Mensch und letztlich ja auch ein jeder von uns selbst fähig ist, in der Not, in schwerer existenzieller Schräglage, im Übermut, im perversen Exzess, im Übermenschseinwollen. Aber wir durften es lernen, konnten es lernen. Schwer ist diese Bürde trotzdem allemal für Kinder, deren größte Schönheit doch immer die Unschuld ist. Früh sind wir schon mitschuldig geworden und besonders schwer dieser Bußgang, weil man seine Eltern nicht anklagen, sie nicht dabei verlieren wollte. Ein Reinwaschen, ein Wiedergutmachen in aller Stille, oft, nicht immer, hinter dem Rücken der Eltern. Dass ich später aufgrund meiner Behinderung fürs Militärische nicht zu gebrauchen war, nahm mein Vater kommentarlos-mürrisch zur Kenntnis, vielleicht schämte er sich auch für mich, weil er mittlerweile in den wehrpolitischen Arbeitskreis der CSU hineingeraten war. »Der Adenauer« und »der Erhard« hatten sie wieder etwas aufgerichtet, die kriegszerschundenen Kriegsverlierer. Welche alten Schlachten am Arbeitskreisstammtisch noch einmal nachträglich geschlagen wurden, möchte ich nicht wissen, und alte Reichsgebiete in Gedankenspielen wieder heimgeholt. Der Argwohn meines Vaters nahm zu, als ich während des Vietnamkriegs gegen ihn »Stellung bezog«. Als später Heiner Geißler, der Parteisekretär der CDU, die Pazifisten als eigentliche Kriegsantreiber und Kriegsanstifter denunzierte, wählte ich nur noch die Pazifisten, wählte ich nur noch die Grünen; heimlich, was nicht nötig gewesen wäre, da der Vater ohnehin nicht nachfragte. Jahrzehnte ging ich zum Wählen, Jahrzehnte war ich immer bei den Verlierern. Aber auch heute bin ich strikt gegen Auslandseinsätze, so geboten sie manchmal scheinen, weil sie immer alles nur noch schlimmer machen und nie Gerechtigkeit herbeiführen, nie etwas besser machen. Ob in Vietnam, Korea, Irak, Iran, Libyen, Afghanistan, Serbien, Syrien. Immer geriet alles zum denkbar schlimmsten Desaster und müsste man den entscheidenden Politikern gröblichste Dummheit unterstellen, wenn es da nicht noch zahllose geopolitische (die Amis sind unsere Retter, Freunde und Beschützer), wirtschaftliche oder auch kriminelle Entscheidungsgründe gäbe. Auch das ganz große Geld ist gerne aufseiten des Kriegs.

Lang lebe unser jetzt schon so lang anhaltender schöner Frieden.

ONKEL WALTER

Brief an Frau Herta Huber, Ehefrau meines Onkel Walter:

Wernigerode/Harz 29.4.1948
Albert-Bartel-Str. 11

Sehr verehrte gnädige Frau.
Nachdem ich jetzt nach vier Monaten Krankenlager endlich etwas aufstehen darf, soll es eine meiner ersten Tätigkeiten sein, Ihnen zu schreiben, was ich vom Verbleib Ihres Mannes weiß oder vermute. Daten und Orte kann ich leider nicht mehr richtig angeben, da mein Gedächtnis durch die bis ans Maß des Möglichen gegangene Entkräftung infolge zahlreicher Krankheiten stark gelitten hat. Auch glaube ich, es nicht verantworten zu können, wenn ich Ihnen Hoffnung machte, von deren Erfüllbarkeit ich selber nicht überzeugt bin. Nachdem das Bataillon um den 20. August 1944 in der Gegend westlich Galatz in Rumänien völlig zersprengt war, schlugen Ihr Gatte, Herr Klosse und ich uns nach Süden, um die Donau und damit das damals noch neutrale Bulgarien zu erreichen. Einige andere waren auch dabei, auf deren Namen ich mich aber nicht mehr besinnen kann. Nach zwei Tagen Fußmarsch etwa – inzwischen hatten wir uns der Kampftruppe des Stadtkommandanten von

Mein Onkel Walter mit seiner Frau Herta

Galatz anschließen können – gerieten wir in einen russischen Feuerüberfall, bei dem auch diese Gruppe zersprengt wurde. Wir selbst gerieten dabei in eine Maschinengewehr-Garbe. Ihr Gatte und Herr Klosse liefen nach rechts, ich nach links, um aus dem Bereich der Garbe zu kommen. Dadurch wurde ich von den anderen völlig getrennt.
Herr Klosse, den ich im Sommer 1946 in einem Gefangenenlager wiedersah, erzählte mir dann, Ihr Gatte sei noch in einer Maschienengewehr-Garbe zusammengebrochen und vornüber gefallen. Er selbst konnte wohl nicht mehr zu Ihrem Gatten hinüber. Daraus muß man leider folgende Schlußfolgerung ziehen: Man muß annehmen, daß Ihr Gatte verwundet wurde. Nach der Art, wie er gefallen ist (nach vorne), muß es sich nach meinen Erfahrungen um einen Kopfschuß, mindestens aber um einen Treffer oberhalb der Brust gehandelt haben, sicher aber auch um eine schwere Verletzung.
Da die russische Einheit eine Panzertruppe war, ist leider auch nicht anzunehmen, daß unsere zahlreichen Verwundeten rasch versorgt bzw. überhaupt

in ein Lazarett gebracht worden sind, da hierzu besonders auf dem Vormarsch gar nicht die Möglichkeit besteht. Auch die Zivilbevölkerung dürfte sich nach unseren Erfahrungen kaum um die Verwundeten gekümmert haben.
So habe ich wenig Hoffnung, daß Ihr Gatte noch unter den Lebenden weilt. Damals, als Herr Klosse mir von den Vorgängen berichtete, wollte ich an die traurigste aller Möglichkeiten nicht glauben, da auch ich Ihren Gatten sehr geschätzt habe. Immer wieder habe ich alles überdacht. Aber schließlich bin ich zu dieser Schlußfolgerung gekommen. Noch heute will ich an Herrn Günther Klosse, Eisenberg, Thüringen, Ru. Zo., schreiben. Vielleicht ist er bereits heimgekehrt und kann nochmals Angaben machen.
Daß Sie vom roten Kreuz der versch. Länder keine klare oder z. T. gar keine Antwort erhalten haben, war nicht anders zu erwarten. Falls Ihr Gatte nicht gewußt hat, an welche Anschrift er nach Ihrer Evakuierung aus dem Sudetenland ein Lebenszeichen von sich hat geben sollen, z. B. an einen seiner oder Ihrer Angehörigen, dann gibt es noch eine Möglichkeit, ihm Ihre neue Adresse mitzuteilen. Die Redaktion der »Nachrichten für Deutsche Kriegsgefangene in der Sowjetunion« in Moskau druckt in ihrer wöchentlich einmal erscheinenden Zeitung laufend Anschriften von Angehörigen der Kriegsgefangenen ab. Ein ähnliches Blatt gibt es auch für österreichische Kriegsgefangene. Auch das erscheint in Moskau. Die genaue Anschrift kann ich hier nicht erfahren, aber viele österr. Heimkehrer können sie Ihnen sicher geben. Als ich am 6.12.1947 aus einem Lazarett auf Heimtransport ging, befanden sich noch eine Reihe Österreicher dort.

Sehr verehrte gnädige Frau! Es ist mir sehr schmerzlich, Ihnen diese wenig hoffnungsvollen Zeilen schreiben zu müssen. Ich kann Ihnen auch nicht sagen, daß ich glaube, Sie werden Ihren Gatten wiedersehen, so sehr ich Ihnen das wünsche. Ich weiß, daß ich Ihnen mit diesem Brief sehr weh tun werde. Aber ein Abschluß ist vielleicht besser als ein ewiges, nervenzerreibendes Warten.
Ehrlich wünsche ich Ihnen, daß Sie mit einer Anfrage bei den Kriegsgefangenenzeitungen doch noch Erfolg haben! Wenn ich Ihnen sonst mit Rat und Tat zur Seite stehen kann, wird es mir eine Ehrenpflicht sein, Ihnen zu helfen.
Mit aufrichtigen Wünschen und Grüßen auch von meiner Frau bin ich

Ihr ergebener
Kurt Fechner

P. S.: Ich wäre sehr dankbar, wenn Sie gelegentlich in meinem Namen Herrn Biedermann bitten würden, mit mir Verbindung aufzunehmen, oder mir selbst seine Anschrift mitteilen würden.

»Wenn ich das damals gewusst hätte, hätte ich dich nicht geheiratet.« Hat sich so ein Satz einmal losgerissen, kann man ihn nicht mehr einfangen. Mein Vater ließ ihn los, diesen gewaltigen Satz, zorngelb polterte er hinüber zu meiner Mutter. Schuld war Alois.

Mein Bruder war damals auf der Suche. Er führte ein halbwegs gutes, zufriedenes Leben, aber dann wollte er stehen bleiben, Atem holen, sich umdrehen, zurückschauen. Er ging auf die Suche. Er fand Vergangenheitsbilder, Verkettungen, Fehlstellen, Familiengeheimnisse. Ein Besuch bei einer Tante mütterlicherseits in Österreich. Mein Bruder erhoffte sich dort Auskunft über das nur spärlich und düster ausgeleuchtete Leben unseres Großvaters Josef Huber. Mein Bruder »schürfte« und barg einen geheimen Schatz. Tatsächlich entlockte er der Tante, die schon weit über achtzig, dass es da noch jemanden gäbe. Dass sie ja »eigentlich« noch einen »Halbbruder« hätte. Wie? Was? Dass sie einen Halbruder hätte, man wisse nicht, wo er lebe und ob er noch am Leben sei. Ihr Vater, Josef Huber, habe vor langer Zeit einer Dienstmagd ein Kind »angehängt«, sie hätte also noch einen weiteren Bruder. Der Groschen, der damals in Österreich noch etwas wert war, fiel bei meinem Bruder langsam, aber unendlich tief. Wenn die Tante einen Halbbruder hätte, dann hätte auch unsere Mutter einen. Dann hätte er selbst auch einen weiteren und vielleicht sogar noch lebenden Onkel. Mein Bruder fuhr verwirrt, aber reich beschenkt wieder zurück nach Deutschland, wann bekommt man schon einmal eine Onkel geschenkt.

Schon bald darauf ein Besuch bei den Eltern. Gerne trank man ein Gläschen selbst gemachten Wein mit dem Vater, eine Tasse Kaffee mit der Mutter, die feine Tafeldecke war gleich auf dem Tisch und immer auch Blumen und Kuchen. Mein Bruder zu meiner Mutter: »Ich wusste ja gar nicht, dass du noch einen Bruder hast.« Auch ein solcher Satz ist groß und weiträumig, er füllte auf einen Schlag die ganze Küche meiner Eltern. Kaum, dass das Erschrecken der Mutter und das ungläubige Erstaunen des Vaters noch in ihr Platz hatten, die Küche platzte aus allen Nähten. »Wenn ich das damals gewusst hätte, hätte ich dich nicht geheiratet.« Dieser Satz unseres Vaters nun hatte in der Küche keinen Platz mehr, er sprengte die Küche, machte sich breit in allen Räumen, zog über den Flur die Treppe hinauf über die zunächst noch ordentlich drapierten »Fleckerlteppiche« der Mutter, zerwühlte die schon lange nicht mehr benutzten Betten unserer Kindertage, jagte mit schweren Stiefeln übers Klavier, torkelte die Leiter empor ins Dachjuche (Speicher) und fuhr wie der Teufel hinaus zum Kamin. Gott sei Dank, muss man sagen, denn jetzt war wieder etwas Platz in der Küche.

Die Reaktion meiner Mutter: »Einen Bruder, ach ja, daran habe ich gar nicht mehr gedacht, das ist schon so lange her, das habe ich ganz vergessen.« Geschwisterschaft mit Verfallsdatum. Einmal im Leben hatte sie ihren Halbbruder zufällig auf einem Kirchweihtanz getroffen, jemand habe sie angestupst: Schau, das dort ist dein Bruder. Später habe dieser sie sogar zum Tanz aufgefordert, um das Geschwisterliche wissend oder nicht, das sei nicht klar gewesen. Sie habe ihm aber »einen Korb gegeben«, ihn abgewiesen. Ob meine Mutter diese Zurückweisung spontan erfand, um ihren Mann zu besänftigen, dem böse Verwunderung und Verärgerung schon im Gesicht angeschrieben waren, weiß man nicht. Auch spielte es für den anschwellenden Zorn meines Vaters keine Rolle mehr. Seine Frau hatte ihm all die Ehejahre über Wichtiges verschwiegen, er fühlte sich hintergangen. »Wenn ich das von dir gewusst hätte.« Ein handfester Vorwurf flog über den Küchentisch und traf meine Mutter unvorbereitet mit voller Wucht, ein Vorwurf, in dem alle bigotte Gesellschaftsmoral heiser mitvibrierte. Als ob sie sich selbst schuldig gemacht, sich selbst versündigt hätte, so versuchte dieser Satz seine Empörung zu rechtfertigen: Familienschande.

»Hätte ich dich damals nicht geheiratet.« Dieser Konditionalsatz nach sechzig Ehejahren stimmte meinen Bruder durchaus auch heiter und gab meiner Mutter im Nachhinein recht, ihrem damaligen Bräutigam das »Bankert« (uneheliches Kind) des Josef Huber, ihres eigenen Vaters, besser verschwiegen zu haben. »Wenn ich das damals gewusst hätte, hätte ich dich nicht geheiratet.« Gut, dass er es nicht gewusst hat, mein Vater, sonst gäbe es mich nicht. An welch dünnen Fädchen unsere Existenz oft hängt. Letztendlich sind Frauen doch klüger als ihre Männer oder zumindest schlauer.

Als Josef Huber seinen Sohn Walter im Krieg verlor, hätte er noch diesen seinen unehelichen Sohn gehabt. Aber so weit weg aus seinem Leben war der gewandert, so hatte er zwei Söhne verloren.

Dass wir uns damals nicht auf den Weg gemacht haben, um unseren verschollenen Onkel, oder genauer Halbonkel, ausfindig zu machen, zeigt, dass man auch als vermeintlich »aufgeklärter« Mensch die Tabuisierungsformeln der Eltern gerne weiter- und zu Ende betet. Ich hätte ihn gerne kennengelernt, diesen halben Onkel. Vielleicht hätten wir uns ähnlich gesehen und sicher war er ein guter Sänger.

RUSSMÄNNER

Die Andreasbrücke, die sich in Wolfratshausen über die Loisach beugt, befindet sich genau in der Mitte zwischen Icking und Waldram. In Icking lebe ich, in Waldram bin ich aufgewachsen. Ein Traum führte mich auf die Mitte dieser Brücke, in einer doppelten Mitte sozusagen stand ich, vielleicht vierzigjährig. Wer mir die Pistole in die Hand gedrückt hatte, weiß ich nicht. Die Pistole war echt und »ging«, ähnelte aber den meist angerosteten, schwarzen Blechspielzeugpistolen, die, mit Zündkapseln bestückt, den höchsten Reichtum unserer Kindertage bedeuteten.

Vielleicht war es einer der beiden Männer, von dem ich die Pistole bekommen hatte. Diese beiden Männer waren nicht sichtbar, spürbar lediglich, sie schienen alterslos und führten einen etwa achtjährigen Jungen zu mir. Der Junge wirkte zart, verängstigt, unschuldig. Er habe aber etwas angestellt, etwas, das mir eine eher vernachlässigbare Lappalie zu sein schien. Für diese Männer hingegen, die sehr drängend aus dem Unsichtbaren heraus sprachen, war es Grund und Anlass genug, mir die Exekution des Jungen zu befehlen. Trotz großen Zweifels: Ich hob die Pistole, ein Schuss löste sich und augenblicklich sank der Junge zu Boden. Der Schuss erfolgte merkwürdigerweise lautlos. Ein wilder Schauder größten Mitleids und allergrößter Schuld ergriff mich. Sofort nach diesem grausigen Geschehen aufwachend, linderte das Aufwachen mein Entsetztsein und meinen Schmerz nicht. Der Traum, die Traumbilder, verfolgten mich den ganzen Tag und darüber hinaus noch mehrere Wochen. In allergrößte Unruhe versetzte mich dabei die immer deutlicher werdende Gewissheit, dass ich selbst der Junge war, dass ich Exekutierer und Exekutierter gleichsam in einer Person gewesen war. Die Tat war irreversibel, ich hatte mich im Traum selbst erschossen.

Immer wieder standen diese Bilder vor mir, in ihrer Wirkung lediglich abgeschwächt durch Nichtbegreifen, Nichtverstehen, Nichtglaubenwollen, und nur langsam wanderte der schreckliche Traum ins Vergessen weiter wie eine schmerzvolle, verklingende Melodie. In den Monaten danach kümmerte ich mich erstmals um mich, nahm mich meiner an, suchte nach mir, grub nach mir, grub mich aus aus allem Lebensschlick, holte mir auch Hilfe.

Etwa zwei Jahre später suchte mich dieser Traum wieder auf. Der Traum verstellte sich nicht, kam in gleichem Mördergewand. Wieder stand ich als Junge und als Erwachsener auf der Brücke, wieder befahlen mir die beiden Dunkelmänner zu schießen, die Exekution war angerichtet. Weder ich noch der Junge hatten sich altersmäßig verändert, der erste Traum hatte uns eingefroren sozusagen. Auch war mir in diesem zweiten Traum der schon geträumte Erste nicht gewärtig, nichts, was mich vorbereitet, mich gewarnt hätte. Und wieder dann die Aufforderung, diesen achtjährigen Jungen zu erschießen. Ich hob meinen Arm und zielte. Diesmal jedoch überkam mich ein so starker Widerwille, ein so explizites Uneinverstandensein, dass mir die Kraft zum Schießen genommen wurde, sich der Arm kraftlos senkte. Ich erwachte aus dem Traum. Nicht heldenhaft fühlte ich mich, nicht kühn, aber gerettet doch in doppelter Weise. Nicht Exekutant war ich und nicht Exekutierter, weder Täter noch Opfer. Ein strohtrockenes Gefühl schnürte mir den Hals, der ganze Körper wie erschlagen, ein Aufwachen dritter Klasse. Dann langsam erst ein anderes Gefühl, ein Zumirkommen, ein langsames Umsichgreifen frischer Morgenluft. Helles Sonnenlicht. Wie verrückt das war, einem Traum nahezu identisch ein zweites Mal hinterhergeträumt zu haben, mit einer Lebensausbesserung allerdings, einer nachträglichen Korrektur, einer Erlösung. Aufatmen. Großes Aufatmen!

Auch wenn Träume meist unendlich raffiniert und verschlungen sind und eigene Deutungen oft in die Irre führen, so schien es mir doch, als ob mich meine beiden Großväter, diese beiden Russmänner und Unglücksraben, zweimal im Traum aufgesucht hätten. Später kamen sie dann nicht mehr zu mir, als hätten sie sich nach getaner Arbeit aus meinem Leben gegeistert.

ton, es klappt für 379 €, er bezahlt sofort, damit es möglichst bald kommt. Er schreibt weiter, schreibt über seine erste Jeans. Gleich in die Badewanne gesetzt damals, um sie körpereng einlaufen zu lassen, sexy. Die gerade aktuellen Jeans, die er trägt, dehnen sich am Bund, leichtes Zunehmen jederzeit verzeihend. Sie müssen laut neuer Mode sehr eng sein. Sie halten schlecht an seinen etwas angespeckten Hüften, Hosenträger wären angebracht, werden aber aus eitler Haltung streng abgelehnt. Seit seinem fünfzehnten Lebensjahr trägt er fast ausschließlich Bluejeans, blaue Bluejeanshosen nannte sie seine Mutter, oder Cowboy-Hosen. Jeans sind unendlich praktisch, man muss am Morgen nicht lange überlegen, sie sind unempfindlich, wirken auch dreckig noch sauber, sind irgendwie immer noch modern, man fällt nicht auf damit und nicht aus der Zeit.

Auf YouTube ein Interview mit Tom Waits, der Talk nichts Besonderes, seine Musik so schön, seine Stimme hätte er gerne. Das Beethoven-Jahr: Gibt es da etwas Passendes für die Zither? Kurzfassung von Beethovens Leben auf Wikipedia angeklickt. Man möchte nicht er gewesen sein, und lehnt sich, halbwegs versöhnt mit seiner Durchschnittlichkeit, in den Sessel zurück. Im Chat verkündet einer, die Neunte von Beethoven sei eine gewisse Miezi Schickelgruber aus Grinzing gewesen, gar nicht so schlecht, die Pointe. Findet ein Klavierstück, das man auch auf der Zither spielen kann, einen Walzer, op. 37, im Netz gibt es die Noten. Hört sich auf YouTube mehrere Klavierfassungen an. Auf Ebay ersteigert er rote Schuhe für sein neues Kabarettprogramm, alte originale DocMartens, und gleich noch ein Sakko von »Comme des Garçons«.

Er geht in den Garten, es wird so verdammt früh dunkel. Immer schneller blättert das Jahr seine Tage um. Er riecht kurz am Lavendel und an den Rosen, am Abend singen die Amseln jetzt wieder mehr, der Tag ist vorbei, gleich ist es dunkel. Bald kommt seine Frau aus der Stadt zurück, was essen wir?

mutter, der taubenschlag
vater, das taschentuch
kind, das vergissmeinnicht

blaues dahinsterben
ist mein leben
immerhin ergreift mich
manches
berührt mich
ein gras
ein wind
ein ton
dass wir so sterblich sind
macht alles so kostbar-zerbrechlich
wie altes chinesisches porzellan

SCHLUSS

Spät im Sommer, wenn er durch den Garten geht, ganz früh am Morgen, riecht er an den Rosen und am Lavendel, nur spärlich singen die Amseln, aber sehr schön. Dann setzt er sich in seinem alten Fischsemmel-Kiosk an den Computer: Starten – hochfahren – noch eine kurze, inhaltsleere Zeit des Wartens, im Computer macht wer das Licht an.

Lange hat er den Computer noch nicht. Als er ihn von seiner Frau geschenkt bekam, war er zunächst verärgert, inzwischen war er aus seinem Leben nicht mehr wegzudenken. Er konnte einen ganzen Tag davor sitzen, ohne ein Gefühl von Langeweile oder Überdruss zu empfinden. Immer war irgendetwas los, irgendwas war immer los.

Früher hatte er seine Gedichte mit einem Bleistift geschrieben, Stärke 7B. Man konnte die Reihenfolge aller Korrekturen nachverfolgen, nahezu wie bei einer archäologische Aufschichtungsstudie, und schon das Bleistiftspitzen war ihm ein angenehm raspelndes Geräusch im Ohr. Späne und Bleistaub wischte er mit der einen Hand in die andere und ließ beides in das Blumenbeet vor seinem Fenster gleiten. Er war gerne altmodisch. Aber er wollte auch mit der Zeit gehen. Wer nicht mit der Zeit geht, muss mit der Zeit gehen, hatte er irgendwo gelesen und er wollte noch nicht gehen. Jetzt legt er seine Gedichte im Computer ab, anfangs die Schwierigkeit, sie alle wiederzufinden in dieser schwarzen Schachtel, aber gerade schreibt er an einer längeren Familiengeschichte, da hilft der Computer enorm beim Ordnunghalten.

Nach einem Kabarettauftritt in Hamburg war er in der Nacht vor seinem Hotel im Auto gesessen und hatte, obwohl es kalt war, in sein Gedichteheft gekritzelt. Dann waren ihm seine beiden Großväter in die Quere gekommen. Sie zogen ihn aus der Lyrik in die Prosa, ohne dass er es bemerkte, es ging nicht anders. Die Großväter suchten ihn auf und legten ihm eine handfestere, trockenere, nüchternere Sprache in den Mund.

Beide Großväter hatten sich schwergetan mit dem Leben. Das so unglücklich Indieweltgeworfensein kostete sie zu viel Kraft. Sie nahmen kurzerhand eine Abkürzung und kürzten ihr Leben ab. Die zwei Schicksalsschweren zogen ihn in einen atemlosen Schreibsog, aus dem er tränenüberströmt und frierend nach drei Stunden wieder auftauchte. Tränenüberströmt, aber auch froh darüber, den beiden Frühsichausdemstaubgemachthabenden etwas nähergekommen zu sein, sie ein Stück weit aufgespürt oder besser erspürt, sich ihrer Geschichte und ihren Gesichtern entgegengeschrieben zu haben. Dann musste er weiterschreiben.

Und so sitzt er nun an seinem Computer und schreibt, schreibt mit seinem vermurksten Zweifingersystem und ohne Großundkleinschreibung, findet zu einem halbwegs brauchbaren Sprachrhythmus, findet zu einer, zu seiner Sprachmusik.

Nach langer Schreibabstinenz ist sein Gefühl für Rechtschreibung unsicher geworden. Oft googelt er in Rechtschreibforen. Für das Benutzen einer Suchmaschine kennt er nur dieses eine Wort: GOOGELN. Als eine E-Mail hereingeschossen kommt, hat er das Gefühl, diese sogleich beantworten zu müssen. Er antwortet prompt und gewissenhaft, um Persönliches, um Höfliches bemüht.

Die nächste E-Mail ist an ihn, den Großvater gerichtet. Eine seiner Töchter engagierte ihn fürs Wochenende als Babysitter, ja, geht, mach ich gern, pack den Kindern bitte die Schwimmflügel ein. Er muss kurz lächeln. Die Enkeltochter hatte er am See zuletzt wie ein prustender Walfisch mit Seewasser angespuckt. Sie, die kleine Freche: Du weißt schon, APO (sie sagte immer Apo statt Opa, was ihm gefiel, weil es noch so ein bisschen nach Revolution roch, nach früherem Aufbegehren), du weißt schon, Apo, dass ich immer in den See biesl – aber schreib das bloß nicht in dein Buch. Schon geschehen. Die andere Enkelin am Telefon erinnert kurz darauf zum vierten Male schon an ihren Geburtstag und dass sie sich dringend ein Barbie-Auto wünscht. Dann schreibt er wieder. Eine Facebook-Freundschaftsanfrage trudelt herein, 72 gemeinsame Freunde, man bestätigt aus Höflichkeit. Nur schnell weiterschreiben, nicht aus dem Schreibfluss kommen.

Ein altes, inneres Bild löst sich aus grauem Vergangenheitsnebel: Erste Klasse Volksschule. Kleines Theaterstück. Er als Wind auf dem Stuhl stehend, den blauen Hut und den blauen Umhang hatte die Mutter ihm genäht. Mit auf-

geblasenen Backen kräftig pustend, durfte er ein paar einfache Verse vom Wind, vom Wind, dem himmlischen Kind aufsagen. »Und wie du damals den Wind gespielt hast, Bua, wie du den Wind gespielt hast, also wie du …«, sollte seine Mutter oft noch lobend beteuern, und ein Lob in den damals so gefühlskargen Zeiten war ein Himmelreich, das Lob, wie ein frischer, vorantreibender Wind, »also wie du damals den Wind gespielt hast«. Ah, wie schön, eine kleine Kindheitspreziose schwarz auf weiß für immer in Sicherheit gebracht. Er ist zufrieden. Er druckt den Text aus, die Tintenpatrone schwächelt, er wechselt sie.

Ein kurzer Blick in die digitale Tageszeitung. Politisches sollte er lesen, vielleicht etwas umschreiben, etwas ergänzen in seinem Kabarettprogramm. Keine Lust. Er klickt eine Seite aus dem Sportteil an. Dass Fußballberichterstattungen den Theaterrezensionen so ähnlich waren, das fasziniert ihn, er liest sich fest, reißt sich wieder los, denkt sich zurück in seine Geschichte.

Er vertut sich mit der Zeit. Das Bild von Karl Seitz, einem Künstler, der sich vor einem Jahr umgebracht hatte, wird auf Ebay für nur 485 € versteigert, er kommt zu spät, aber es gibt noch ein zweites und ein drittes, er aktiviert den Computer-Reminder.

Eine neue E-Mail: Ein Veranstalter bittet um eine kleine Geburtstags-Videobotschaft zum 50-jährigen Bestehen der Malachinger Feuerwehr. Er textet zwei lustige Verse, singt sie mit Zitherbegleitung auf sein iPhone und schickt alles gleich wieder zurück in Richtung Malaching. Er schickt die E-Mail wie einen Brief, er braucht sie, diese räumlich verorteten Hilfsbilder. Gerne würde er Briefmarken aufkleben. Als der Postbote klingelt und ein Paket abgibt, bemerkt er: der erste analoge Menschenkontakt an diesem Tag, etwas Handfestes, etwas zum Anfassen, jemanden ansehen, ihn freundlich grüßen, ein paar Worte wechseln, der Postbote ist aus Sachsen, er mag Dialekte, irgendwie freut er sich, er gibt ihm Trinkgeld. Jetzt aber leider den zweiten »Seitz« verpasst, eine Chance bleibt noch, war eh zu teuer.

Dass die Maler ihre Bilder oft erst verkaufen, wenn sie tot sind, und van Gogh kein einziges verkauft hat zu Lebzeiten, denkt er sich, und hofft auf ein besseres Schicksal für sein Buch, hofft auf einen guten Verlag. Gehört hatte er gestern von einem wichtigen Lektor, bei dessen Rauswurf sich Hunderte ungelesener Manuskripte hinter den Regalen fanden, ungelesen und unbeantwortet, bitte nicht. Hoffentlich findet sich ein Verlag, der sein Buch in die Läden bringt.

Früher hatte er in Münchner Schallplattenläden heimlich die CDs seiner Jodel-Wahnsinnsband zur besseren Sichtbarkeit aus den hinteren Regalen nach vorne gestellt, stolz darüber, dass sie überhaupt im Handel zu haben waren. Aber noch war das Buch nicht fertig, nur Einzelteile, Bruchstücke wie Gewitterwolkenfetzen. Ein Gewitter, dessen Blitze über der Landschaft immer

nur zufällig einzelne Szenerien grell beleuchteten. Wer sollte sich darauf einen Reim machen. Ach ja, Gedichte hatte er auch jede Menge schon geschrieben, die man an manchen Stellen einfließen lassen könnte. Er öffnet den Ordner mit alten Gedichten, findet sie gar nicht so schlecht, legt ein paar auf den Desktop, für alle Fälle.

Er nimmt den Schreibfaden wieder auf. Es fällt ihm nichts ein. Er überweist Marianne und Andy die Gage für den letzten gemeinsamen Auftritt, ein Lieder-Lese-Abend über das unsterbliche Thema Tod, Homebanking. Er geht auf wetter.de, wie wird das Wetter morgen? In seinem Digitalkalender ploppen neue Termine auf, die Künstleragentur schuftet lautlos und emsig hinter seinem Rücken. Mit dem iPhone nimmt er einen kleinen Song auf und schickt ihn an Andrea, die die Facebookseite betreut, sehr professionell macht sie das, kurz und schmerzlos, elegant und einfühlsam.

Eine der Töchter schickt ein Video mit den drei Enkelkindern, ach, er speichert es ab unter Privat-Familie-Aufheben. Jens schickt erste Fotos für das Buch. Er sucht sich die schönsten aus und leitet sie an seinen Sohn weiter, der die Gestaltung des Buchs macht.

War er damals wirklich gegen den Computer und später dann gegen das iPhone gewesen? Er kann sich's gar nicht mehr vorstellen und mag sich auch nicht mehr daran erinnern. Bevor er zum Buch zurückkehrt, studiert er mittels Routenplaner den Weg für seinen nächsten Auftritt, Hotel Waldhaus in Sils Maria, Schweiz.

Der Kaminkehrer kommt, will nur schnell aufs Dach. Auf seinem Namensschild steht Peter Mnichzial, ein wunderbarer Name. Leider wird er in zwei Wochen Huber heißen, er heiratet, nimmt den Namen seiner Frau an, um berufliche Nachteile zu vermeiden. Zurück an den Computer. Der Kalender blinkt auf: Geburtstag einer Veranstalterin. Anruf im Blumenladen Geißler, Strauß abliefern beim Geburtstagskind, so um die 40 €, Danke. Er bestellt online zehn Glühlämpchen (3 W, 34 V) und bezahlt per PayPal. Bis ins Jahr 2010 war es ihm gelungen, ohne Kreditkarte auszukommen. Dann hatte er im Flieger nichts zu essen bekommen trotz Hosentaschen voller Geldbündel, die Stewardess konnte oder wollte oder durfte nur über Mastercard abrechnen. Dass man Geld nicht essen kann, wusste er vorher schon, aber dass man mit Geld nichts mehr essen kann, weiß er jetzt erst sicher. Eine neue Zeit ist da, ein Geldschein gilt nichts mehr.

Das neue Buch von Peter Handke schnell aufs Kindle geladen. Dann wieder zögerlich ein paar Zeilen hingeschrieben. Er liest sich bei Handke fest, verdammt, wie der schreibt, was für eine Sprache. Zeitlupensprache, und wie streng der zu sich ist. Er ist verunsichert. Reißt sich wieder los. Schreibt.

Die E-Mail einer Frau, die er nicht kennt. Warum er immer so gottlose Sachen sagen würde auf der Bühne im Kabarett. Er täte ihr leid und sie warnt ihn

allen Ernstes vor der Hölle. Wenn die wüsste, wie sehr er sie um ihren festen, starken Glauben beneidete, der einen von dieser ewigen, auszehrenden Lebenssinnsuche erlöst. Nur noch Lebensrechnungen, die alle aufgehen, sogar mit der Unbekannten Gott. Zu einer eingeschworenen Gemeinschaft gehören, verbunden durch unzählige Rituale, die einem die dahinstürzende Zeit zu einem schönen, festen Ruhhaus zusammenbinden könnten. Und schließlich Erlösung finden in einem Himmel voller Musik und Wiedersehensfreude, schönste, allerschönste Erdenkensweisen. Und was da die Sehnsucht der Menschen zum Himmel hinauf erschaffen hatte, mit ihren traumhaft schönen Kirchen, Heiligenfiguren, Fresken und Orgelchorälen, all das fand auch er unglaublich berührend. Wenn die wüsste, wie gerne er mal wieder in eine Kirche gehen würde. Alleine schon dieser altvertraute, etwas muffig-abgestandene Geruch des Weihrauchs, der ihn früher als Ministrant angenehm schwindelig werden ließ, stoned. Wie gerne er sich die Ministrantenröcke übergezogen hatte, Talar, Chorhemd und den darüber geworfenen Kragen mit all seinen Häkelchen und Ösen. Wie nahe sie dem Allerheiligsten waren in der Sakristei als Ministranten. Leise und still mussten sie sein natürlich, Übermut und Lachlust unterdrückend, aber aus dem Unterdrückten heraus auch kurz und fast erschrocken wieder losprustend – schnell die Hand auf den Mund gepresst. Als Ministrant war man so etwas wie ein Hilfssheriff und etwas Besseres als all die anderen im Kirchenschiff. Und wenn sie dann auch noch zur Kommunion nach vorne kam, sie, die heimlich angebetete Mitschülerin, und dem Pfarrer die Zunge entgegenstreckte, um verschämt-verzückt den Leib Christi zu empfangen und er daneben stand und ihr die silberne Patene unter ihr süßes Kinn hielt. Oh Mann. Er erinnert sich gerne, sogar an die Kopfnuss, die der Herr Pfarrer ihm zukommen ließ, als er beim Kerzenauslöschen aus Versehen das »Ewige Licht« mitgelöscht hatte.

Er kehrt zurück zu seiner Geschichte. Es fließt zäh. Versuche, sich zu fokussieren, zu bündeln. Wie gerne würde er mal wieder eine rauchen. Es bleibt zäh, nicht sein Tag, vielleicht sollte man ins Café gehen. Er schreibt sich ein paar Sätze weiter, sucht etwas über Thujen im Netz; auch im Netz kann man zappeln, angebunden an viele Schnürchen, Sehnsuchtsschnürchen, Traumwunschfäden, Neugierden. Mit allem und allen verbunden, bleibt Mandoline immer für sich allein. Bleibt man doch immer alleine, wollte er schreiben, die Computer-Autokorrektur schlägt Mandoline vor – er lächelt und korrigiert den Computer, wer ist hier eigentlich der Herr im Haus.

Wieder gelingen ihm nur ein paar halbgare Sätze, Wortstummel eher. Die Sprache ist ein Luder, das mal übergroß und überwältigend vor ihm steht, greifnah, und sich dann doch wieder wegschweigt, glitzernd und flimmernd wie eine Fata Morgana. Oft greift man zu früh zu oder auch zu fest, zu vertraut manchmal, zu wenig misstrauisch. Nur schlafwandlerisch wenn man ist

und ein wenig zärtlich, bleiben einem ein paar wertvolle Sprachreste an den Fingern kleben, Fingerzeige, Rätselformen, Handreichungen, feines Blattgold. Die Sprache will frei sein, will keine Dienerin sein, sich nicht beugen und deklinieren lassen wie ein Lehrbub und Lehrmädel. Die will auffliegen, die will spielen, will auch mal sinn-los sein. Das alles will sie, und er, oft steht er ihr und sich im Wege.

Die Finger tun ihm weh, schreibt ja nur mit zweien, und die ermüden dann schnell, eine Entzündung im Unterarm mahnt sich an. Früher alles mit Bleistift geschrieben, allein dieses weiche, fast lautlose, kratz-leise Schreibgeräusch. Ein Bleistift ist sinnlich und sinn-voll. Eine liebesabgrundtiefe Vereinigung von Form und Inhalt, wenn ihn eine gute Hand führt. Er schreibt. Er lässt sich ablenken, gerne. Wieder verliert er sich in der Zeitung, surft online: Die Zeitungen wie Litfaßsäulen, die alles vermeintlich Wichtige mit Schlaglichtern auf den Punkt bringen. Headlines mit großen und größten, schwarzen und blutroten Lettern, die steil behaupten, dass die Welt soundso wäre. Aber am nächsten Tag ist sie dann doch wieder völlig anders. Es sind nur die Leser, die immer alles glauben und jeden Tag einer neuen Sau durch die Gasse hinterherlaufen. Schlag-Zeile für Schlag-Zeile, Tag für Tag, die Sprache als Schläge, als Hiebe, als Dreschflegel. Auf alle Fälle sind die Schlagzeilen starke Headlines, geniale Verführer, geniale Verkürzer. Er klaut sich welche, dreht sie um, behauptet Gegenteiliges und füttert damit sein Kabarettprogramm.

Wie wird das Wetter am Abend, vielleicht rudern gehen. Dann googelt er nochmals das Wort Thuje. Was er findet: Thujen waren beliebt wegen ihrer Blickdichtigkeit. Auch in den Konzentrationslagern von Mauthausen und Sachsenhausen sorgten sie für Blickdickicht. Riesige Thujenwälder um das Unbegreifliche, Unsagbare, Traurige, Menschenentstellende, Weltferne und doch so Weltimmanente herumgepflanzt.

Seine Maus mag nicht mehr, er wechselt die Batterie. Sein rechter Finger geht schwer, bleibt immer hängen, überbeansprucht, untauglich wäre er jetzt für ein Schießgewehr. Er versucht es mit dem Mittelfinger, wie der sich anstellt. Er probiert es mit der Linken. Was für eine Qual muss es für seine Frau damals gewesen sein als Kind, von links auf rechts umgetrimmt worden zu sein – nimm die schöne Hand.

38 Kapitel sind fertig, seine Frau war früher Deutschlehrerin und korrigiert sie ihm. Vorher noch eine Sicherheitskopie, ein Backup. Er bestellt Rosen im Netz, Super Dorothy, Heinke hat sie ihm empfohlen, schwerduftende, bienenträchtige Rosen. Dass man für Blumenläden heute nur noch Rosen ohne Duft züchtet, kann er nicht verstehen, die Welt dreht sich immer weiter, einfach weiter, klar, aber dass Rosen nicht mehr duften? Er bestellt rotduftende Rosenstöcke online, bezahlt online, in fünf Arbeitstagen sollen sie da sein.

Er ersteigert auf Ebay ein Bild von Karl Seitz, ein Porträt von Whitney Hous-

Bildnachweis

Objekt-Fotos: Jens Heilmann
Familienfotos: Dominik Brustmann
Fotos Föhrenwald: Stadt Geretsried, Kultur und Archiv, Museum
Foto Jüdische Zwillinge: Christine Dirscherl
Foto Bairisch Diatonischer Jodel-Wahnsinn: Sabine Grudda